本书研究工作得到国家自然科学基金项目"双师课堂，乡村首席教师与农村学生非认知能力的随机干预实验研究"（项目编号：72373085）的帮助，并得到陕西省高等学校重点实验室——国际商务管理与沟通创新实验室（聚焦"一带一路"沿线）的支持。

社会资本
与
学业表现

基于农村初中生的
实证研究

SOCIAL CAPITAL
AND
ACADEMIC PERFORMANCE

An Empirical Study Based
on Rural Junior High School Students

高 岫 / 著

社会科学文献出版社
SOCIAL SCIENCES ACADEMIC PRESS (CHINA)

前　言

改革开放 40 多年来，我国的经济迅速发展，包括教育在内的社会各个方面发生巨大变化。教育在人类文明进步、经济社会发展、国民素质提高、贫富差距消除等方面，具有基础性、先导性、全局性的重要作用。实施乡村振兴战略，推动农村居民消费结构由生存型向发展型转变，关键要发展经济。古今中外的经验教训告诉我们：经济贫困与教育贫困互为因果、恶性循环，教育水平低下加剧了贫困化，贫困化制约了教育持续发展，城乡差距在教育领域的体现十分显著。

社会资本是指人与人之间的内在联系，具体分为业缘性联系（师生关系）、地缘性联系（同伴关系）以及亲缘性关系（家庭亲属关系）等。在教育方面，社会资本同样具有关键作用，有助于凸显教育者与受教育者之间关系的本质；有助于促进新知识的产生，对传统的智力观，即集体智力所强调的合作精神提出了新的挑战。因此，有必要从社会资本的角度，研究农村初中生的校内外人际关系、教育教学过程和学业影响因素，以提高农村初中生这个庞大教育群体的个体成绩和整体素质。

本书立足我国西部农村初中生的同伴关系、校园欺凌、师生关系现状，识别了校园社会资本（同伴关系、师生关系）对学业表现的异质性影响，揭示了校园社会资本对学生学业表现的作用机制，为促进城乡教育均衡发展、提高我国人力资本储备提供可实施的政策建议。

为了实现上述目标，本书收集了8767名学生两年的跟踪调查数据，包括学生的个人和家庭特征信息以及标准化数学测试成绩。在75所样本学校中，随机选取了37所样本初中为干预组，38所样本初中为控制组。干预组的学生接受每周一节有助于建立健康同伴关系与师生关系的课程。在此基础上，结合定量分析与定性访谈对学生学业表现进行分析。

同伴关系与数学成绩相关性的研究结果显示，学生的校内同伴关系（校园推力）与校外同伴关系（社会拉力）均与数学成绩存在显著的相关性。校内同伴关系（校园推力）相关变量数据分析结果显示，"被同学认为是好友"的可能性每增加1%，学生的标准化数学成绩会随之提高0.21%；"这学期和同学发生过争吵"的可能性每增加1%，则学生的标准化数学成绩会下降0.06%；"这学期和同学打过架"的可能性每增加1%，则学生的标准化数学成绩会下降0.14%。校外同伴关系（社会拉力）相关变量数据分析结果显示，学生有辍学同伴的可能性每增加1%，则标准化数学成绩下降0.08%；与辍学同伴经常联系的可能性每增加1%，则标准化数学成绩下降0.10%；曾被辍学校外同伴引诱外出打工的可能性每增加1%，则标准化数学成绩下降0.15%。

在总样本里，74.79%的学生受到至少一种校园推力的影响，只有25.21%的学生没有受到任何校园推力的影响；61.17%的学生受到至少一种社会拉力的影响，同时，38.83%的学生未受到任何形式的社会拉力的影响。数学成绩最低组别的学生群体中，48.85%的学生既受到社会拉力也受到校园推力的影响；27.54%的学生只受到校园推力的影响；13.73%的学生只受到社会拉力的影响；既没有受到校园推力也没有受到社会拉力影响的学生只有9.87%。

　　师生关系与数学成绩相关性的研究结果显示，基线与评估期控制组的师生关系均与学生的数学成绩在统计学意义上具有显著的相关性。在其他条件不变的情况下，师生关系得分与数学成绩在1%的显著性水平下有正向的相关关系。在2012年的基线调研中，师生关系得分每增加1%，则学生的数学成绩会提高0.010%；在2014年的评估调研中，师生关系得分每增加1%，则学生的数学成绩会提高0.029%。在控制变量与数学成绩的回归分析中，可以看出性别、年龄、年级、留守情况均与数学成绩有显著的相关关系。从基线到评估期，控制组的师生关系得分出现了显著的下降。而且，这个下降的趋势在7年级和8年级的学生中没有显著差异。

　　干预本身对数学成绩的影响并不显著，但是如果加入学生的个人特征或者学校层面的固定效应，干预对数学成绩的影响就是显著的。

　　本书以提升学业表现为目标，以实证分析结果为依据，以农村初中生所受教育现状为坐标，从社会资本的角度切入，研究影响农村初中生数学成绩的同伴关系、师生关系。创新之处体现在研究方法的创新和研究角度的新颖两方面：研究方法的创新体现在立足我国教育背景和教学情境，通过较为规范、科学的实证研究，引入随机干预实验的客观结果，揭示了校园社会资本与学生学业表现的相关性，既为政策制定者提供了更为科学的依据，也为教学组织者、实施者、参与者开辟了新的思想方法和工作方法；研究角度的新颖体现在从社会资本的角度切入，研究影响农村初中生数学成绩的同伴关系、师生关系，是对传统研究从硬件环境、教育理念、师资队伍、教学方法、家庭状况、个体差异等角度切入的创新，提供了一种新的视角，拓展了思路，同时也为后续深入研究奠定了一定基础，为政策制定和教育改革路径选择提供了一定的数据支撑和决策依据。

目　录

第一章　研究基础 ………………………………………… 1

一　研究背景 ……………………………………… 1

二　研究意义 ……………………………………… 9

第二章　经济资本、人力资本、社会资本 ………… 12

一　经济资本 …………………………………… 13

二　人力资本 …………………………………… 14

三　社会资本 …………………………………… 15

四　经济资本、人力资本、社会资本的关系 ……… 23

第三章　社会资本概念及相关研究 ……………… 29

一　国外学者对社会资本理论的相关阐述 ……… 29

二　国内学者对社会资本理论的相关阐述 ……… 33

三　社会资本在中国本土化的研究 ……………… 37

第四章　农村初中生社会资本现状 ……………… 41

一　农村地区初中生社会资本 …………………… 43

二 农村初中生学业表现影响因素 ·············· 46

三 学生校园社会资本的城乡差异 ·············· 52

四 学生校园社会资本与学业表现的相关性 ·············· 54

第五章 农村初中生社会资本与学业表现研究设计 ·············· 57

一 社会资本的层级 ·············· 57

二 社会资本的测量 ·············· 58

三 随机干预实验设计 ·············· 63

四 干预的具体内容 ·············· 64

五 抽样方法 ·············· 65

六 数据收集 ·············· 66

七 干预方案 ·············· 67

八 实证研究方法 ·············· 68

第六章 社会资本对学生学业表现影响的实证分析 ·············· 72

一 同伴关系对学生学业表现的影响 ·············· 72

二 师生关系对学生学业表现的影响 ·············· 88

第七章 心理课程干预对学生学业表现的影响 ·············· 100

一 平衡性检验及样本损耗情况 ·············· 100

二 心理课程干预对学生学业表现的影响 ·············· 102

三 心理课程干预对学生同伴关系的影响 ·············· 102

四 心理课程干预对学生师生关系的影响 ·············· 104

五 小结 ·············· 105

第八章 研究结论、政策建议与研究讨论 ················· 107

一 研究结论 ·················· 108

二 政策建议 ·················· 110

三 研究不足及未来研究方向 ·········· 114

附 录 ·················· 116

参考文献 ·················· 123

第一章　研究基础

一　研究背景

改革开放 40 多年来，我国的经济迅速发展。根据 GDP 核算方法，我国 1978 年 GDP 为 3645.2 亿元，到 2023 年 GDP 为 1260582 亿元，年均增长率约为 13.9%。从世界经济的角度来看，改革开放 40 多年来，我国的经济总量占全球经济总量的比重从 1.8% 跃升到 17%，已成为世界第二大经济体。

伴随国家战略的调整，城乡关系也在发生着相应的变化，从二元体制逐渐向城乡融合发展。目前，我国正处在城乡发展演变与乡村快速转型的关键时期。自改革开放以来，城乡关系的发展演进特征如表 1-1 所示。

表 1-1　改革开放以来城乡关系的发展演进特征

发展阶段	主要特征	农村政策制度
1978~1984 年	城乡关系趋好阶段	党的十一届三中全会拉开了改革开放的大幕，在农村推动实施了家庭联产承包责任制，农村经济改革席卷全国。此后六年间，城乡收入差距不断缩小，城乡关系趋好

续表

发展阶段	主要特征	农村政策制度
1984～2003 年	城乡关系再度分割阶段	1984 年 10 月，党的十二届三中全会召开，全会通过的《中共中央关于经济体制改革的决定》提出，下一阶段改革重点在城市。特别是 1992 年中国明确提出建立社会主义市场经济体制之后，城市快速发展，城乡差距不断拉大
2003～2012 年	城乡统筹发展阶段	2003 年 10 月，党的十六届三中全会召开，把统筹城乡发展列为国家五大统筹发展战略之首。2004 年伊始，时隔十八年，中央再次把"三农"问题列为一号文件，此后不曾中断，城乡差距在达到峰值后开始下降，统筹城乡发展成果初步显现
2012～2017 年	全面建成小康社会战略目标下的城乡发展阶段	自 2012 年 11 月党的十八大召开以来，在以习近平同志为核心的党中央坚强领导下，在全面建成小康社会的战略目标指引下，在新发展理念的指导下，伴随着精准扶贫、美丽乡村建设、农业供给侧结构性改革等重大战略的实施，中国城乡关系持续好转、城乡差距持续缩小、城乡居民生活持续进步，城乡得以全面发展
2017 年至今	城乡全面融合发展阶段	党的十九大进一步强调要建立健全城乡融合发展体制机制和政策体系，并将"城乡融合发展"写入报告

城乡均衡发展一直是经济学、管理学和社会学研究的热点。半个世纪以来，我国学者将多种城乡均衡发展理论应用在指导城乡均衡发展的实践中，但是经济收入差距扩大、地理空间分割加剧、文化观念冲突等问题依然存在。这些问题中比较显著的是城乡收入存在较大的差异。相关实证研究指出，从 1985 年到 2013 年，我国城乡收入比由 2.1 上升至 3.03（张旺，2012；吕炜等，2015）。关于我国农村经济发展滞后，与城市的经济发展存在较大差异的原因，

有很多种不同的研究和解读。传统的研究思路和框架主要基于物质资本积累和人力资本积累等古典经济增长理论，注重经济增长的"内生性"。随着从资本角度对经济发展研究的深入，经济活动中的社会因素的影响开始引起学者的关注，越来越多的研究以社会资本为载体，将信任、社会规范、人际关系模式等因素与组织行为、区域经济发展的趋势联系起来。

缩小城乡收入差距，加快农村经济发展，要促进基础教育建设。2017年，习近平总书记在党的十九大报告中提出乡村振兴战略，2018年，中共中央、国务院印发《乡村振兴战略规划（2018—2022年）》，为深入推进"三农"工作开辟了新的实践方向。实现乡村振兴，推动农村由生存型向发展型转变，关键是发展经济。经济发展要靠科技，科技发展要靠人才，人才发展要靠教育。只有大力发展教育事业，才能为乡村振兴提供人才支撑。只有培养出大量有文化的"新农民"，才能建设有动能的"新农村"。教育是经济发展的根本途径，教育发展对国民素质提高、贫富差距消除、人类文明进步等具有基础性、先导性、全局性的重要作用。

世界各国都高度重视教育，将其作为立国之本，采取专门立法、尊崇职业、培训师资、加大投入、优化硬件、创新模式等多元立体策略，全领域全流程强化教育。美、英、法、德、日等发达国家更是不惜资金投入，以此保持发展潜力、创新动力和竞争实力。我国秉持"百年大计、教育为本"的战略理念和"教育强则国家强，教育兴则民族兴"的认识路径，坚持优先发展教育，经过长期不懈努力，逐步建成了世界最大规模的教育体系。

伴随改革开放的深入推进和经济的迅猛有力发展，特别是随着对教育事业的持续投入和重视，各地办学条件显著改善，办学水平稳步提高，各类教育实现了跨越式发展。全面实施了义务教育，基础教育、职业教育、高等教育的入学率大幅提高，幼儿学前教育和高中阶段教育的短板得到了弥补，素质教育有力推进，教师队伍建设迈上了新台阶，教育对外开放取得重要进展，等等。与此同时，广大农村地区的九年义务教育也获得长足发展，尤其是在党的十八大之后，国家先后出台《乡村教师支持计划（2015—2020 年）》《关于统筹推进县域内城乡义务教育一体化改革发展的若干意见》等一系列向农村倾斜的教育扶持政策；中央财政从 2011 年起累计安排资金 1591 亿元，在 29 个省份的 1631 个县实施农村学生营养改善计划，3700 万名学生受益；国家财政性教育经费支出不断增长，2012 年占当年国内生产总值比例首次超过 4%，突破 2 万亿元，且连续 6 年保持在 4% 以上。基于这些顶层设计、政策倾斜和投入保障，农村教师、设备、图书、校舍等基础教育资源配置得到进一步优化。

但是，审视我国教育发展现状，农村基础教育仍是教育板块"整体抬升"的薄弱地带。习近平总书记在党的十九大报告中指出："我国社会主要矛盾已经转化为人民日益增长的美好生活需要和不平衡不充分的发展之间的矛盾。"这一全新判断和历史总结，是对社会主要矛盾的精准定位，是对我国发展现状的精准概括。根据这一判断，剖析当前农村基础教育发展存在的主要问题，"不平衡、不充分"主要体现在校际不平衡、城乡不平衡、区域不平衡。

县域资源配置产生的差距、城乡二元结构产生的差距、东西部经济发展产生的差距，致使我国西部地区农村基础教育资源匮乏，投入不足。例如，上海某中学因为各种原因推倒重建，投入经费 3.5 亿元，这笔经费相当于西部一个省份甚至更多省份的教育经费投入。受城市虹吸效应、就业定居观念、应试教育模式和长期职业倦怠等多重因素影响，大量优秀骨干教师离开农村，持续单向流动，造成乡村在岗教师老龄化问题严重，导致存在"哥哥姐姐教高中、叔叔阿姨教初中、爷爷奶奶教小学"现象。总量饱和与结构短缺并存，"语数外教师无课可上，音体美课无师可用"，这种现象反映了农村整体师资队伍建设所面临的问题。最美道德关怀和艰难职业处境导致"最美乡村教师"苦苦坚守岗位却严重缺乏职业价值感、归属感和方向感。另外，在西部农村和一些偏远地区，由于"升学无望、就业无路、致富无术"，经济贫困与教育贫困互为因果、恶性循环，教育水平低下加速了贫困化，贫困化制约了教育持续发展。

从历史与现实考察，贫困地区贫困家庭的孩子受经济、文化、教育等影响而不能得到良好启蒙，在"贫困文化"与"贫困环境"中形成胆怯自卑、畏难怕事、自立精神不足等不良性格和行为习惯，并影响终身发展，形成贫困代际传递。《穷人经济学》一书同样分析指出，贫穷者有时虽比富裕者付出更多心血，但其收益往往比不上富裕者，这与贫困者受教育程度较低导致的视野不广、素质不高、能力不强、判断不准等密切相关。这一现象揭示了"贫困的脑袋"造成了"贫困的口袋"，只有"富脑袋"，才能实现"富口袋"。因此，扶贫先扶智、治贫先治愚，只有发展教育才是阻断贫困代际传递的重要途径，才能从根本上改变一个家庭的命运。同时，受新"读书无用论"和"打工经济学"的影响，或因家庭贫困和交通不便等，或因跟随父母打工进城就读，农村生源流失问题严重，为了减轻经济压力辍学打工的学生越来越多（张旺，2012；邵高峰，2009）。

凡此种种，迫切要求推进我国义务教育均衡发展，切实缩小校际差距、城乡差距和区域差距。

一个地区、一个家庭要想彻底摆脱经济上的贫困，就必须先通过教育来摆脱"思想和思路的贫困"与"信念和信心的贫困"。而要"依靠教育扶贫"，必须"先扶教育之贫"，特别是当下城乡差距在教育领域的体现十分突出和显著，农村地区"教育贫困"问题严重，优质的教育教学资源往往集中在经济较为发达的城市地区，而欠发达的农村地区师资力量和学校建设都远远落后于城市地区（张旺，2012）。

农村与城市之间的教育发展鸿沟不仅仅体现在优质教育资源的分布上，更体现在农村学生的学业水平上。"寒门再难出贵子"，不只反映的是学生学习的个体差异，也揭示了城乡教育发展因为贫困产生的整体差距。一些家庭条件优越的孩子享有优质教育的机会和向上流动的渠道更多，家庭贫困孩子在教育方面的劣势往往转化为就业和竞争方面的弱势，使其在社会底层的位置固定不变或者很难改变，导致形成"阶层固化"，产生严重的不公平不公正。如果不重视和改变这一现状，不仅会影响教育资源的公平合理分配，剥夺农村学生公平享受优质教育资源的机会，影响农民家庭代际向好的趋势，而且会拉大城乡差距，影响社会稳定。从某种意义上讲，教育不公平会导致一切的不公平，并从多个维度影响"公平"的价值追求、价值体现和价值判断。吕炜等（2015）基于2001~2011年省级面板数据的实证研究表明，城乡教育的差距会使城乡收入差距扩大。

农村地区基础教育存在以上诸多问题的原因及其表现是多方面的聚合，在探讨解决这些问题时，选题也可以是多个层面和视角的展开。初中生处在九年义务教育的特殊阶段，正值少年，年龄在12~16岁，处于快速成长期，生理和心理变化比较迅速。生理发育逐渐成熟，充满新奇和羞涩；心理层面涌现巨大求知欲望，精力充沛，凡事都想尝试，但愿望与实际能力严重脱节，身心矛盾。学制上承上启下，学习内容在小学基础上深化，不仅继续学习语文、数学等基础课程，同时增加化学等新的课程，但相较高中阶段仍在拓展、强化和丰富基础，课程梯次增设、逐步走向系统。表现上渐趋稳定，自主性、独立性增强，自我意识日渐高涨，特别是普遍开始慢慢摆脱对家长、对家庭的依恋和依赖，倾向自主面对学习和生活问题，处于自觉性和依赖性、主动性和被动性并存的特殊状态，出现比较明显的学习"分化点"，形成了一定范围的校内、校外人际关系网络，处于在校学习的关键"可塑期"。同时，由于年龄等因素制约，初中阶段不是学生选择辍学外出打工的"高发期"。因此，研究初中生的学业表现，既有现实的学制"中段"特殊意义，利于提高学生学习成绩，呵护学生学习兴趣，帮助学生接力高中学习，也更能聚焦课题，稳定选取和追踪学生样本，减少样本流失，使研究具有更好的连续性、对比性和科学性。

在已有的研究中，影响初中生学业表现的主要因素有：家庭环境因素、学校教育因素、心理健康因素等（邵高峰，2009；温佩泽，2014）。但从社会资本的角度解释学生学业成绩的研究较少，更鲜有研究聚焦于农村初中学生。从人与人的关系，即社会资本的角度，研究初中生的学业成绩，探求二者的关联度和相互影响力，主要原因有以下三点。

一是从哲学内因、外因的辩证关系考察，学生在校的"关系"网络，是影响其学业成绩的重要外因，应该纳入研究范围。

二是从中国传统文化的角度考察，儒家文化的精髓，即提倡人与人之间建立和谐的关系和秩序，其所强调的人伦就是从自己推出去的和自己发生社会关系的那一群人里所发生的一轮轮波纹状的差序（费孝通，2012）。中国农村社会的结构更是一个"一根根私人联系所构成的网络"，即由个体向外推出以构成"团体格局"（费孝通，2012）。汉语中以"同"开头的同乡、同族、同学、同事等，即社会关系概念在文字表达方面的印迹和固着。研究学生群体，应该关注与其相关的"关系"。在我国的传统文化中，个人的存在不是独立的"超然物外"，而是镶嵌在一系列的社会关系当中，一个人既是他自身的个体，与此同时又扮演不同角色，是父母的儿子、子女的父亲、妻子的丈夫、领导的下属、单位的成员、老师的学生、同学的同伴等，成为各种社会关系的"联结点"和"聚合体"。只有将个体与其所拥有的各种关系整合在一起，其才成为一个完整的个人。这种人与人互相依赖的社会结构，形成了"关系本位"模式的传统文化和社会生态。校园作为整个社会的组成部分，自然具有"关系本位"的特征和印记。研究学生群体，必须从校园社会结构的角度，从"近朱者赤，近墨者黑"的角度，关注与其相关的"关系"。

三是社会资本理论的实践运用。社会资本是指个人在一种组织结构中所处的位置的价值。对于群体而言，社会资本是指群体中使成员之间互相支持的那些行为和准则的积蓄。具体来说，社会资本是指个人在一种组织结构中，与人之间的内在联系，具体分为业缘性联系（师生关系）、地缘性联系（同伴关系）以及亲缘性关系（家庭亲属关系）等（Coleman，1988；梁文艳、杜育红，2012）。20世纪60年代，经济学、社会学等多个学科开始使用社会资本概念，到 20 世纪 90 年代，社会资本理论逐渐成为学界关注的前沿和焦点，社会学、政治学等许多学科对社会资本进行了研究，以用其来解释经济增长和社会发展。艾伦·沃尔（Ellen Wall）等对 1982～1995 年的若干领域（包括教育、经济、社会、人类、政治、地理、心理和商业等）进行关键词查询后发现，以社会资本为关键词的文章在社会学、经济学和教育学领域中分布最广（Wall et al.，1998）。近年来，社会资本越来越受到学界的重视，联合国开发计划署在《人类发展报告》中指出，可持续发展就是通过社会资本的有效组织来实现的，社会资本具有十分重要的作用（Wils，2015）。与此同时，我国学者关于社会资本与经济发展的研究发现，当各方都以充满信任、合作与承诺的精神把其特有的技能链接起来时，生产率可以被显著提高（李惠斌、杨雪冬，2000）。在教育方面，社会资本同样有其关键性作用，有助于凸显教育者与受教育者之间关系的本质；有助于促进新知识的产生，对传统的智力观，即集体智力所强调的合作精神提出新的挑战（盛冰，2003）。

因此，有必要从社会资本的角度，研究农村初中生的校内人际环境、教育过程和学业影响因素，以提高农村初中生这个庞大教育群体的个体成绩和整体素质，为实现中华民族伟大复兴的中国梦提供人才支撑。

二　研究意义

（一）理论意义

我国学者对社会资本的研究尚处于初级阶段，把社会资本引入经济学和教育学的分析框架突破了传统分析的局限性，促进了跨学科研究，推动了教育学和经济学的深入发展。

国内外关于学生学业表现方面的研究十分广泛，相关论文的理论研究主要从学生个人动机、兴趣、家庭、校园课程设置等方面展开（Herres and Kobak，2015；Lee and Lam，2016）。但是，有关农村地区的实证研究还不够充分，特别是从社会资本的角度，分析农村地区教育过程和教育体验的研究还很少。因此，本书研究具有一定的理论意义，主要体现在：丰富和拓展了社会资本理论的研究内容和范围，将社会资本理论向农村初中教育层面延伸和拓展，将理论研究和社会问题紧密结合，增强了社会资本理论的时代性和实用性；拓展并发展了农村教育理论，将农村教育研究，由硬件环境、教育理念、师资队伍、教学方法、家庭状况、个体差异等，向影响学生学习成长的人际关系聚焦，从新的角度和视野，探求改变和提升学生学业表现的新路径和新对策；有助于了解农村初中生学习生活的现实状况，发现教育情境中存在的问题，验证校园社会资本对学业成绩的重要性，引导社会、家庭和学校加强对影响学生学业成绩的非智力因素的关注，构建和谐亲密的良好师生、同伴关系。

（二）实践意义

推动城乡均衡发展需要健全规范、增强信任和利益均衡机制，这些都是社会资本研究的范畴。而提高农村教育教学质量、促进学生全面发展，是教育工作必须面对的永恒课题，也是随着时代发展和社会需求、教育理念、学生心智等不断变化而变化的重点难点。本书立足我国教育背景和教学情境，通过较为规范、科学的实证研究，引入随机干预实验的客观结果，揭示了校园社会资本与学生学业表现的相关性，既为政策制定提供了更为科学的依据，也为教学组织者、实施者、参与者开辟了新的思想方法和工作方法，引导各方关注非智力因素对学生学业成绩的影响，对通过改善学生的同伴关系、师生关系来提高学生学业成绩具有一定的参考价值和实践意义。

第二章 经济资本、人力资本、社会资本

　　资本理论是当代社会学和经济学中影响最为深远的解释变量。带着了解资本概念的目的，我们可以追溯资本概念产生的源头。1867 年，马克思分析了资本在商品的生产和消费过程中，是如何从资本家和劳动者的关系中生成的。当关注剩余价值的生产过程时，资本是在追求目标的过程中被投资的行动以及资源（Bourdieu，1986；林南，2005）。

　　对于资本的类型而言，最主要的形式是经济资本、人力资本以及社会资本。古典经济学家认为土地、劳动力和实物资本（产生收入的资产）是影响经济增长的三个基本因素。1986 年，法国学者皮埃尔·布迪厄（Pierre Bourdieu）指出，资本有三种形式，表现为经济资本、文化资本和社会资本，这三种形式的资本可以进行转换，而资本总量和结构是社会分层的依据。1999 年，美国知名的政治经济学家埃莉诺·奥斯特罗姆（Elinor Ostrom）在研究中指出，人类创造的资本包括四种有着相似性的资本，即自然资本、人力资本、物质资本、社会资本。社会资本是其他三种资本的必要补充。她认

为社会资本可以解释个体如何实现合作、如何克服集体行动问题等议题。我国著名经济学家汪丁丁（2006）指出，资本的概念可以从三个维度进行论述：物的维度、社会关系的维度和精神生活的维度。他还指出，资本人格的个性化演变可以有无限种组合方式，对演变路径进行描述应基于"代理"、"身份"或"角色"，而不是基于生物学意义的个人。

贫困地区的减贫模式经历了从"物质资本导向的救助式减贫"到"人力资本导向的开发式减贫"，再到"社会资本导向的参与式减贫"的范式转变过程（刘敏，2013）。这三个阶段的视角和主要内容如下文所述。

一 经济资本

经济资本是其他社会资源的基础，个体的职业背后，蕴含其经济收入、受教育水平和社会地位。布迪厄认为，经济资本是指可以直接转换成金钱使用的资本。这一转换过程，是以私人产权的形式制度化的。而经济资本的形式，包含物质资本、自然资本和金融资本等，是一切资本的基础性前提（薛晓源、曹荣湘，2004）。

在我国农村问题的实证研究中，用于测量经济资本的指标主要是家庭年收入，各种资产的所有权、使用权或经营权。吴振华（2020）基于CGSS2015的数据研究指出，农村家庭经济资本的提高在提升家庭成员受教育水平的同时，具有扩大农村居民教育性别差距的作用。

经济视角是研究农村问题、城乡关系问题和贫困问题的传统视角，也是研究贫困问题的出发点。国家统计局给出的贫困定义是：贫困是指个人或家庭依靠劳动所得和其他合法收入不能维持基本的生存需求。对于一个家庭来说，贫困指代的往往是物质资源匮乏使得生活处于一种受限的短缺状态。然而，在物质资源匮乏的表象背后，往往隐藏着社会因素和人文因素，所以仅从经济视角去解读和分析贫困问题是较为片面的。物质资本在贫困问题上往往充当的是缓解贫困的角色，大部分情况下，经济资本只是起到"输血"的作用，而不能为贫困户"造血"。因此，以经济资本为主的"救助式"减贫也在逐渐向"开发式"减贫过渡。

二 人力资本

第一个提出资本存在于劳动者个体中，并产生差异的学者是亚当·斯密（Adam Smith）。1937 年，亚当·斯密提出假设：将一个国家人口中所拥有的、可以获得的、有用的能力都归结为资本的一部分。后来，西奥多·W. 舒尔茨（Theodore W. Schultz）和盖瑞·贝克尔（Gary Becker）等新古典主义经济学家引入了人力资本的概念，他们提出，传统因素的生产力是由社会中受过教育、受过培训和健康的工人的利用方式决定的（Schultz，1961；Becker，2012）。舒尔茨对人力资本的研究形成了人力资本理论的基础，其他经济学家和社会学家对其研究进行了更加具体的拓展。贝克尔曾在研究中指出，人力资本是嵌入劳动者本身的附加价值，可以通过教育、培训和经验来提升。自此，人力资本相关的研究更加清晰、更加深入。但是，人力资本理论的局限性体现在忽视了个体的社会关系，将注意力过度聚焦在个体上，忽略了人的社会属性。

自 20 世纪 60 年代舒尔茨提出人力资本理论之后，学界开始逐渐认同人力资本在扶贫、减贫中起到的作用。舒尔茨曾经提出："贫困国家经济落后的原因在于人力资本的缺乏以及对人力资本的轻视。"因此，基于人力资本减贫的核心是将关注点放在帮助贫困人口提升"造血"能力上。能力视角是研究贫困问题的新切入点，主要从人力资本方面出发，解决贫困问题。在这种视角下，贫困问题产生的根本原因是"缺乏创造收入的能力"（瓦格尔，2003）。这种观点认为，能力贫困是更广泛的衡量和考察贫困问题的视角，如教育、健康、营养等均对解决贫困问题有所贡献。相比其他的扶贫、减贫方式，从人力资本角度解决贫困问题是一种进步，这个角度关注的是贫困地区人口的能力增长，强调的是通过提升教育效果，提升贫困地区人口的个人能力。

在我国农村问题的实证研究中，许多学者提出乡村振兴战略的内在动力就是提升农村的人力资本水平（费孝通，2012；方竹兰，2003；国光虎、李滨，2019）。近十年来，虽然全国各地区农村人力资本的投资水平有所上升，但广大农村地区依然存在劳动力质量不高、区域投资不平衡、城市"虹吸效应"严重等情况，导致我国城乡差距持续扩大。

三 社会资本

（一）社会资本与信任

信任与规范对社会资本非常重要。社会资本最重要的组成部分即信任，社会资本的重要作用之一是有助于信任的形成。Fukuyama（1996）指出，社会资本基于国家公民的道德标准和习惯、义务，由广义的信任组成，信任也几乎存在于所有的社会资本类型中。所以，社会资本与信任紧密相联、相辅相成。

大多数关注社会资本的研究也在强调信任在经济发展中的重要作用。例如，Thompson（2015）在他关于社会资本和经济增长之间关系的研究中提出，从宏观经济角度看，社会资本是一种由信任和基于信任的网络构成的集体利益，社会资本包含信任，并通过信任网络发挥作用。

从宏观经济学的角度出发，与社会资本紧密相联的信任也被认为是各国经济增长的重要驱动力。Fukuyama（1996）的研究发现，各国的经济增长和信任水平之间存在显著的正相关关系。Knack 和 Keefer（1997）、Temple 和 Johnson（1998）、Dinda（2007）的研究得出了同样的结论，即社会资本中的信任水平对推动经济发展有显著的积极作用。此外，Chmelíková 等（2019）的研究也证实，较高的社会资本密集度与欧洲小额信贷供应商在各个领域的绩效表现正相关。同时，研究也从理论上论证了社会资本影响创新进而影响经济增长的机制。研究指出，经济增长离不开创新活动，而创新活动依赖于协同学习、创造和理念实施的实践，而这些实践又依赖于创新者之间信任的存在，即社会资本的存在。

从微观经济学的角度出发，信任主要体现在买方与卖方的沟通上，信任有利于降低双方的交易成本，减少不必要的猜测，也是双方交易顺利进行的保证和润滑剂。Coleman（1990）在他对社会资本的研究中指出，信任在社会资本的积累上是非常重要的，因为信任可以减少双方在交易中可能产生的冲突和过度监督带来的成本。他还认为，信任与信心密切相关，而信心对人们在经济生活中的参与程度和解决问题的效果等均有重要影响。所以，从个体层面上来说，信任有助于交易双方在遇到问题时解决冲突和争端，使双方通过良性的交流与沟通解决问题并达成一致。如果双方缺乏信任，他们之间的关系将会疏离，双方解决争端的能力将会显著下降。

（二）社会资本的特征和分类

资本是人类创造物质财富和精神财富的各种社会经济资源的组合。不同的资本形式具有不同的属性：经济资本的属性体现在物质资本中，属于有形资本；人力资本一般表现为人们所拥有的知识、技能和人们的素质，属于无形资本；社会资本存在于个体与周围人的社会关系中，也属于无形资本。

有助于促进个体行动的规范和网络社会资本与传统的物质资本相比较，有其特殊性（边燕杰、丘海雄，2000；刘敏，2013），具体体现在以下五个方面。

第一，社会资本的属性体现在其社会性上。在关于资本的论述中，马克思曾明确指出，使用价值依赖于"社会必要劳动"。基于社会联系的社会资本无法脱离人与人之间的关系而单独存在。同时，社会资本并不会因为使用而越来越少。相反，社会资本的社会性体现在因为使用得多而越来越多上。俗话说"好朋友都是麻烦出来的"，社会资本也是在使用中逐渐增加的。

第二，社会资本具有无形性。社会资本的无形性体现在其隐性嵌套在社会、经济和文化活动中的方方面面，而且非常难以观察到和测量到。就个体角度而言，人们更愿意在合作融洽、互帮互助的文化氛围中工作或者学习，在这种氛围中，人们不是一个个"孤岛"，而是相互关联、相互影响的。这种影响往往是无形的，具有"润物无声"和"心照不宣"的特征。同时，人们的是非观、价值观都会受到集体的影响。例如，人们会在一个群体中体会到，如果不按照一定的规则做事，将会受到惩罚。这也是社会资本无形性的体现。

第三，社会资本具有生产性，拥有社会资本，对于人们实现某些目标具有决定性作用。资本运动的目的是价值增值，所以增值性是资本的本质属性。林南在他的研究中将社会资本定义为："期望在市场中得到回报的社会关系投资。"因此，社会资本的增值属性体现在人们通过与他人建立信任而共同促进目标的完成。而蕴含良质的同伴信任的社会资本也能够创造更大的价值。同时，由于社会资本是可以积累的，所以能够产生一定的生产效果。Coleman（1990）在他的研究中提到，社会资本的生产性体现在社会资本的存在可以使某些目的和效果的实现成为可能，而在缺少社会资本的时候，这些目的和效果是无法实现的。另外，社会资本的生产性还体现在有助于人力资本的累积和经济资本的累积特性上。例如，拥有较强社会关系的父母可以使孩子获得良好教育、培训的机会增加，而拥有较多的人力资本积累，可以获得更具生产性的社会资本。

第四，社会资本具有投资收益不确定性。社会资本背后的经济逻辑是个体期望得到回报的社会关系投资。社会资本的投资很难实际测量出收益，即个体如果带有一定的功利性目的去建立社会资本或者尝试计算社会资本的利益得失，往往难以达成所愿。同时，如果过度使用社会资本，如频繁求助于别人，可能会丧失人际交往中的信任，从而使社会资本的叠加效应降低。

第五，社会资本具有个人特征依赖性。社会资本不能离开人际关系而独立存在，比如社会资本的重要表现特征是信任感，信任感很难脱离可靠的社会关系而独立存在。而且，社会资本往往在特定的情况下，针对特定的行为而存在，很难被复制或者转移，需要有一定的身份认定，否则难以形成。社会资本难以通过外部的干预建立。但是，社会资本的存在又不完全依附于个体，具有一定的个人特征依赖性和不可转让性。这种社会资本的"排他性"也体现了社会资本的负面效应，由此可能会造成新的不平等性。

社会资本有很多种不同的分类方法。在借鉴、综合了国内外的理论后（崔巍，2017；Krishna and Uphoff，2001；Sabatini，2006），本书将社会资本分为两大类：认知型社会资本和结构型社会资本（见图 2-1）。

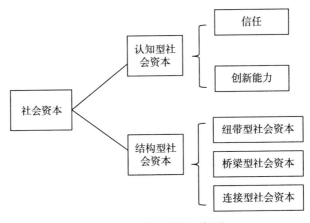

图 2-1 社会资本类型

认知型社会资本主要包含信任和创新能力。从经济学的角度来看，信任是经济活动的重要润滑剂和交换媒介，也是能够有效降低成本的因素。有了信任的保护，创新能力的发展也会更加顺利。

结构型社会资本可以分为三类，即纽带型社会资本、桥梁型社会资本和连接型社会资本。这三种社会资本是依据结构特征进行划分的，体现了关系的亲疏远近。纽带型社会资本往往是指通过血缘、家族形成的一种连接，这种连接中的情感依附是最强的，因为有家庭作为连接的纽带，所以即使这种类型的关系中产生了分歧和冲突，也是很快就会复原的。这种关系的另一个特殊性体现在集体性和排外性上，往往处于这种关系利益体中的人会从中受益，但是很难接纳圈子外的团体，这就造成了信息和资源较难流动的现象。在找不到合适的突破路径的情况下，纽带型社会资本更像是一种关系闭环，违背市场竞争的公平性和开放性原则。所以，有研究指出，纽带型社会资本影响经济发展的关键性因素即集团利益是否与社会经济发展的目标相一致。第二种社会资本类型是桥梁型社会资本。这种社会资本一般是指同事、朋友、同学这种类型的社会关系。与第一种纽带型社会资本相比，桥梁型社会资本没有血缘关系作为纽带，但是也更加开放和自由。桥梁型社会资本可以被理解为一种横向维度的连接，即不同的身份、背景、学历的人依然可以成为共同体，人与人之间相互吸引的标准更加宽泛，而不限于血缘这样的必要条件。这种关系构成模式有助于集体内部和外部之间资源的流动和配置，表现出相对自由、公平的状态，也有助于促进信息的分享和交流，对经济发展也有促进作用。第三种社会资本类型是连接型社会资本。这种社会资本比纽带型社会资本、桥梁型社会资本都弱，但是其存在对于资源的流动有促进作用，也有助于人们超越自己社会关系的限制，创造更多新的社会化行为和经济发展机会。

黄光国（1989）在他的研究中也曾对社会资本的分类有过阐述。他指出，社会资本分为情感型关系、工具型关系、混合型关系，即"人有亲疏"。第一种社会资本类型是情感型关系，一般情况下是以满足别人的需要为最大化目标，是利他的行为，比如父母给自己的孩子买房，尽管父母自己不住，他们也愿意用自己辛苦工作、省吃俭用多年的积蓄为孩子买房，这往往是出于情感行为，所以这种类型的社会资本一般是指家庭关系。第二种社会资本类型是工具型关系，一般是以追求个人利益最大化为目标，是指较为陌生的关系。第三种社会资本类型是混合型关系，一般是指朋友和亲戚关系。混合型关系的特点是以人情和面子等为最大化目标。在现实生活中，情感型关系、工具型关系、混合型关系并不是完全对立的三个概念，而是构成一个连续统一的函数。

（三） 社会资本的效应

在社会资本的正面效应上，可以从微观和宏观两个层面进行说明和探讨。

微观层面上，社会资本可以为人提供物质支持、情感支持等有形或无形的支持；同时，社会资本可以规范个体的行为，使个体在做决策的时候充分考虑行为结果。因此，社会资本对个人职业地位、声望和经济收入都有着极其重要的影响，即每个个体都存在于一个或者多个社会网络中，这种社会网络会提供给个体一定的资源，为个体带来便利，有助于个体的发展（李小云等，2012）。

宏观层面上，社会资本有利于公共事业的发展。研究表明，企业的社会资本量与企业的社会生产总值有显著的正相关关系，这是由于企业可以通过各种社会联系获取有价值的信息，并吸引和留住优秀的人才（边燕杰、丘海雄，2000）。与企业的行业相匹配的组织结构和社会网络也有助于企业的发展；同时，社会资本如果运用得当，能够提供物质资本与人力资本无法替代的支持。这一层面社会资本的作用更多地体现在公共资源的使用上，公共社会资本直接服务于集体的公共利益，也能够提升集体的工作效率。

社会资本的作用引发我们思考一个新的问题：一百个人的1%

是否可以和一个人的 100% 相抗衡？笔者认为答案是肯定的。每个人都付出努力，这样一起去完成一件事情的效果一定远好于一个人付出一切去完成一件事情的效果。人多的时候，每个人都不需要用尽全力，还有一些时间和多余的精力去做一些完善性和修饰性的工作。比如十几个人一起完成一个项目，任务量分散到每个人的话，每个人的工作量就不太多了。每个人在推进工作的同时，还可以将更多的精力放在规避错误上，这样的话，团队工作的失误就会少很多。即便团队中有些人的能力并不是很强，大家合在一起，也能够比较好地完成任务。如果是一百个人同时发力，每个人都完成自己应该完成的部分，他们就能够拿出自己最好的状态和最擅长的技能来。如果只有一个人，即便他竭尽全力，也避免不了有时候会力不从心，做事的质量很有可能会越来越差。

社会资本的负面效应，主要体现在以下两个方面：第一，具有不同利益的团体可能容易形成对其他团体的损害；第二，社会资本影响下的个人可能会受到传统的限制，从而其创新和变革的能力等会受到限制。Villalonga-Olives（2017）对社会资本的系统性综述表明，社会资本会给个体带来负面影响。他在研究中查阅了世界各国的 3530 篇文章，并对其中的 44 篇文章进行了文献综述。综述表明，社会资本的负面影响有两种，第一种是行为传染，第二种是与个体特征相关的社交互动。比如，一个不抽烟的青年偶遇他的好友在抽烟，好友的这一举动很可能会引发他对吸烟的好奇，但是这种好奇是否会促成其吸烟行为，与他个人的特征是紧密相关的。如果他的父母在家经常抽烟，他吸烟的可能性就远远大于父母不抽烟的青年。所以，社会资本的负面影响主要是行为传染和与个体特征相关的社交互动（Villalonga-Olives and Kawachi，2017）。在我国，关于社会资本负面效应的研究主要体现在排外性上。在很多情况下，一些拥有紧密关系的群体，比如一些传统的乡村、社区和行业协会等，为了维持平衡和秩序，可能会对外部人员产生一定的排外情绪。当社会资本积累到一定程度时，其中的成员能够享受到许多团体给其带来的益处，然而，这种益处不可复制或者转让，往往伴随着很难复制的限制条件。这种排外性有时会建立新的不平等，甚至会制约经济和社会的发展。

四　经济资本、人力资本、社会资本的关系

三维资本即经济资本、人力资本和社会资本，既有区别又有联系。

经济资本、人力资本和社会资本的相似性体现在三者都需要通过积累获得、都具有一定的生产性等方面。此外，三种资本的积累对缓解贫困问题都有积极的作用（唐钧，2002）。虽然这三种资本都与贫困的衡量与解释相关联，是一个逐渐深化和丰富的过程；但是，相关研究主要还是从经济资本视角及人力资本视角进行分析，很少对社会资本进行关注。也就是说，经济学家主要强调的是经济资本和人力资本在经济发展中的重要作用，社会资本很少被用来解释经济现象或者预测经济发展趋势。然而，在研究贫富分化的问题时所遇到的差异形成机理上，社会资本逐渐成为一个有效的解释概念和分析起点，而贫困地区也开始成为社会资本研究的目标和样本（张蓉，2018）。

经济资本、人力资本和社会资本有时会作为资本的副产品得到发展。以社会资本为例，假如你是一个烹饪爱好者并且报了一个学

习做蛋糕的课程，由于经常在固定时间去上课而结识了许多爱好相同、住得很近的朋友。慢慢地，你与这些朋友不仅交流如何制作蛋糕，还会对其他的很多问题进行沟通，如学习烦恼、工作烦恼、亲密关系问题等，甚至会邀请他们来家里做客，频繁的互动深化了彼此的友情，在你需要帮助的时候，有位朋友的家人帮助你找到了一份工作。此时，社会关系就体现出了经济价值。但是，在最初与这位朋友认识的时候，你并没有任何经济目的，这种社会资本其实是作为一种副产品得到发展的。

经济资本、人力资本和社会资本也有许多内在机理上的联系，能够相互转化。具体说来，在物质资本和人力资本交互的前提下，增加对人力资本的投入可以显著降低个体陷入贫困的可能性；积累社会资本能够加强人力资本积累对缓解贫困的积极作用。社会资本效应的提升可以显著增强人力资本智力支持的作用（张蓉，2018）。社会资本和人力资本对经济资本的积累具有促进作用，二者的作用机制是通过技术创新来实现的。社会资本能够在创新技术萌芽期发挥黏合作用，促进参与者之间的合作，从而使人力资本能够发挥更有效的作用。事实上，总结相关研究，可以得出的结论是：物质资本中往往蕴含着人力资本的因素和影响，如人力资本可以将个体或群体的知识和技能转化为更有价值的商品，优化生产流程，减少运营成本，从而提升物质资本；而人力资本中也蕴含着社会资本的因素和影响，社会资本依托人际关系发挥作用，良好的文化氛围或者企业环境可以使企业内部的人力资本更好地建立起来，有助于人们完成共同的目标并促进共同生产，从而产生更高的经济收益。

因此，经济资本、人力资本和社会资本密切关联、相互影响、联动作用。

（一）经济学视角下的社会资本

在古典经济学中，生产要素分为三种：土地、劳动和资本。而资本是剩余价值的一部分，是指以交换为体现方式的价值凝结体。然而，仅从经济的角度解释资本积累和经济活动是比较单一的，因为经济活动和经济行为往往镶嵌在一定的社会活动中，从宏观角度看，经济结构也与社会结构有着直接关联。所以，经济现象需要从社会角度加以理解和解读。

起初，社会资本理论酝酿于经济学的土壤中，被理解为与私人资本相对的另一种经济资本，即社会资本理论的初期萌芽是买卖双方都以一种信任、合作的态度和承诺精神将技能、产品或者钱财结合起来时，能得到更大的经济收益。后来，意识形态经历演变后，社会资本概念开始在经济学中得到较为广泛的应用，这也是将人际互动的观念纳入经济学的视野。

社会资本概念的提出，为经济学研究提供了一种重要的解释范式。而从概念来说，社会资本是指人与人之间的内在联系，具体分为业缘性联系（师生关系）、地缘性联系（同伴关系）以及亲缘性关系（家庭亲属关系）等（梁文艳、杜育红，2012；Wall，1998）。社会资本的一个重要作用是创造人力资本，而人力资本对创造物质资本并推动经济发展有关键性作用。

较早阐述社会资本与经济发展、经济繁荣之间关联的学者是弗朗西斯·福山（Francis Fukuyama），其在《信任：社会美德与创造经济繁荣》中从经济发展的角度研究了社会资本概念。他在研究中指出，经济学家在考虑经济发展的过程中，不仅要考虑传统的经济资本和资源，还要考虑相对的社会资本实力，表现在经济生活中社会团体彼此信任的程度和社会网络的规范、组织创新的能力等方面。社会资本所蕴含的潜力比物质资本和人力资本更大，在信息技术发展时代，社会资本的重要性将更为显著（Fukuyama，1996）。

近年来，在供给侧结构性改革的背景下，以创新驱动经济发展已经上升为国家战略。企业的竞争优势离不开创新能力，机会开发在企业社会资本与企业营销绩效之间有正向的中介作用（朱益霞，2018）。另外，区域经济差异的持续变大也使社会资本概念在社会经济学研究中受到关注。研究发现，社会资本对区域经济的发展有显著且正向的影响（曾克强，2017）。

与区域经济发展相关的参与式发展理论已经较为广泛地应用于世界经济发展的实践领域之中。其核心是赋权，这对增加社区的社会资本、促进社区的能力建设以及重建个体的自尊都是至关重要的（李小云等，2012）。

（二）人力资本与社会资本

人力资本与社会资本的关联非常紧密，许多学者曾在研究中提出，社会资本有助于人力资本的生产。不同的资本对应着不同的资源集合，不同的资源集合又会发挥不同的功能。人力资本与社会资本存在紧密的相互关联性并且可以互相转化（Coleman，1988；Bourdieu，1986）。举个例子，一个孩子的父母具有广泛的社会关系，会显著提高这个孩子的受教育水平、知识技能和决策能力。与此同时，人力资本也可以使社会资本增值，接受过良好教育的个体往往拥有更丰富的社会资本。

在人力资本与社会资本的研究中，一个值得探讨的问题是究竟哪一种资本更为重要。关于这个问题，不同国家的学者都展开过实证调研，结论却并不一致。2001 年，Flap 和 Völker 对荷兰中小企业经理人的研究表明，对于高层管理者而言，无论其人力资本的水平如何，社会资本都会带来更多的收入。在我国城乡问题的实证研究中，我国学者杨晶等（2019）基于中国家庭追踪调查（CFPS）数据探究不同类型人力资本和社会资本对农民个体收入的影响，研究结果证实了人力资本要素集聚和社会资本积累在缩小城乡差距中有积极的作用。

长久以来，关于发展的历史告诉我们，经济资本和人力资本并不能充分地解释经济增长的原因以及贫困的原因，这也是社会学家最初提出"社会资本"这一概念来弥补研究缺失的缘由。举个例子，除人力资本，经济活动者所拥有的社会资源，如信任、社会网络等也可以作为一种要素纳入经济活动领域，从而对经济发展起作用。活动成员之间的信任、关系网络等都可以产生促进经济发展、减少贫困的重要作用。

（三）社会资本与贫困

贫困一直是国内外经济学及社会学研究的主要课题。自 1980 年以来，我国经济的快速增长使贫困发生率大幅下降，从基本消除贫困到解决温饱问题，再到全面建成小康社会。然而，不同行业和地区的经济增长进程和贫困问题的解决效果极不平衡，这种不平衡主要体现在城乡收入差距上（都阳、蔡昉，2005）。伴随着研究的深入，学者们发现贫困是一个动态的概念，学者们对贫困的认识经历了不断发展和深化的过程。从概念来说，狭义的贫困一般只是指经济上的贫困，而广义的贫困往往还包含社会、文化、环境方面的因素。所以，贫困是一个多维的概念，应从多重方向并结合时期的特点加以研究和分析。改革开放以来，我国农村贫困性质经历了三个阶段的变化（都阳、蔡昉，2005；李小云等，2012）。在第一阶段，经济体制在很大程度上是束缚农村生产力发展的无形障碍；在第二阶段，贫困的区域性特征逐渐显露，但是自然条件、区域分配不均等造成了经济发展阻滞；在第三阶段，更多体现为因缺乏能力而致贫的边缘化贫困问题。

20 世纪 80 年代，从社会视角看贫困问题的研究开始兴起。一些观点认为，从社会视角看贫困问题更加全面（瓦格尔，2003）。最初，针对社会资本的研究主要集中在社会关系角度。社会关系被认为是调动经济增长资源（如经济信息和金融资本）的关键渠道，因此也被认为是减少贫困的工具（Woolcock and Narayan，2000）。在实证研究层面，Zhang 等（2017）的实证研究证明了中国农村地区的社会关系与家庭贫困概率之间的关系，并指出个人（微观）和社区（宏观）层面社会资本的积累可以显著降低贫困发生的概率。这一观点激励国际机构采取基于社会关系的方法来减少贫困。在这种观点下，"社会排斥"才是造成贫困的深层次原因，会造成个体失业、脆弱、封闭、边缘化的贫困状态，应该予以关注（唐钧，2002）。

由此而来的减贫方式被称为参与式减贫，强调的是对减贫活动的多层次、多主体参与，包括国家或地区层面的减贫政策制定、社区发展的公共参与以及个人的参与式贫困评估。参与式减贫更加强调社会资本在其中的作用，也更强调群体性、参与性和共同性。

贫困地区的减贫模式经历了从"物质资本导向的救助式减贫"到"人力资本导向的开发式减贫"，再到"社会资本导向的参与式减贫"的范式转变过程（刘敏，2013）。

第三章　社会资本概念及相关研究

社会资本的范畴较为广泛，是经济学、社会学、政治学等多门学科关注的热门概念，本章对国内外社会资本的相关研究进行了梳理和总结。

一　国外学者对社会资本理论的相关阐述

（一）社会资本概念的产生

20世纪60年代，美国著名经济学家舒尔茨提出了人力资本理论，第一次将衡量社会财富的资本概念拓展到人的知识和创新能力方面（Schultz，1961）。人力资本理论引入中国时，中国正处于经济体制的转型时期。人力资本的理论体系促进了人们对知识积累和创新能力的认识，增强了科教兴国作为国家发展战略的重要影响（方竹兰，2003）。但是，人力资本理论的局限性体现在忽视了个体的社会关系，将注意力过度聚焦在个体上，忽略了人的社会属性。

20世纪80~90年代，美国学者詹姆斯·塞缪尔·科尔曼（James Samuel Coleman）、罗伯特·D.帕特南（Robert D. Putnam）将社会

资本作为人力资本基础的延伸加以阐述，并得到了较为广泛的认可（Coleman，1988；Putnam，1993a）。帕特南认为社会资本的概念来自这样一个事实：交换、合作、团结和集体主义（Putnam，1993a）。社会资本概念的确立，引起了学界对个体发展中人际关系层面因素的重视，社会资本的概念是继人力资本之后引入的经济学概念。

（二）社会资本概念的发展

第一个做出系统性说明的是法国社会学家皮埃尔·布迪厄（Pierre Bourdieu）。1980年，布迪厄在《社会科学研究》上发表了题为《社会资本随笔》的短文，正式提出了"社会资本"的概念。他对社会资本的定义是"互相认同的制度化关系中的可持续性网络关联下的真实或潜在资源的积累"（Bourdieu，1986）。自此，学者们对社会资本的定义越来越丰富，具有代表性的学说有以下几种。

第一种是社会规范说。以科尔曼为代表，他于1988年在《美国社会学杂志》上发表了题为《社会资本在人力资本创造中的作用》一文，从经济学的角度解释了社会资本的作用。他认为社会资本是一种将社会结构融入理性行动范式的行动资源，并且存在许多种形式，如信任、规范、权威等（Coleman，1988，1990）。按照科尔曼的说法，当两个或两个以上的人发现合作符合他们的共同利益时，社会规范就会进入"闭环"。

第二种是群体资源说。以布迪厄、艾勒占德罗·波特斯（Alejandro Portes）为代表：布迪厄认为，社会资本的积累取决于个体可动用的关系网络作为群体资源的规模（Bourdieu，1986）；波特斯在社会资本研究中指出，个体获取社会资本，必须与他人关联，在更广泛的社会网络中动用资源，而这些资源可能来源于社交、家庭支持或者工作环境等方面（Portes，1998）。

第三种是内外网络融合说。以迈克尔·伍尔科克（Michael Woolcock）为代表，他提出社会资本的属性和内容在不同的社会层面和行业是有显著区别的，所以其形式也可以分为相互补充的两大类，分别是"内嵌性"和"自主性"。在微观层面，社会资本的"内嵌性"体现在"融合性"上，如社区内部的联系；社会资本的"自主性"体现在"连接性"上，如社区外部网络的建立。在宏观层面，社会资本的"内嵌性"体现在"协同性"上，如国家与社会的关系；社会资本的"自主性"体现在"组织完整性"上，如组织机构健全性、制度的效力等方面。"理性选择"经济学家认为社会资本是一种信息资源，它是理性主体相互作用的结果，需要相互协调以实现互利（Woolcock，1998）。

第四种是公民参与说。以美国政治学家帕特南为代表，他所感兴趣的是区域层面的社会资本运作机制（Putnam，1993a，1995，1996）。因此，他将布迪厄、科尔曼的学说进行了更加实际化的延伸。帕特南定义的社会资本概念是：促进合作双方共同利益的信任、标准和网络。他在研究中曾指出，社会资本是规范的广义的互助，如出于社区成员信任的短期利他行为，其实会在将来得到善意的回报。他指出，在规范性较强的地区（如意大利北部），有诸多合唱团、足球社、生物观察俱乐部等公共社团，因为该区域的公民认为公共事务值得被关注和探讨，社会性的组织可以带来一定的累积效应，社会参与也为社会支持及人与人之间的信任提供了条件。相反，在规范性较弱的地区（如意大利南部），公民较少参与社会生活，并持有"公共事务是别人的事"这样的观念。在这样的区域中，腐败与违纪现象较为严重。这也造成意大利南北方经济发展和民主制度出现巨大反差的现象。Suebvises（2018）的研究结果表明，社会网络作为社会资本的核心组成部分，可以增强泰国公民参与公共事务的动机和能力，从而提高公共物品提供的有效性。因此，社会资本和公民参与可以改善公共部门的服务效果。

表3-1　社会资本的主要学说及定义

代表人物	年份	对社会资本的定义	社会资本的性质	来源
布迪厄	1986	社会资本是一种协助获取群体性产品的资源	经济资本的延伸	Bourdieu（1986）
科尔曼	1988	社会资本是社会结构的一部分，可被用作资源服务于个体的利益	人力资本的延伸	Coleman（1988）
帕特南	1993	社会资本是指促进群体共同利益的信任、标准和网络，它们能够通过推动协调的行动来提高社会的效率	经济以及民主制度发展的有效支撑	Putnam（1993a）
伯特	1997	社会资本指的是朋友、同事和更普遍的联系，通过它们得到使用（其他形式）资本的机会	具有情境化特性的人力资本补充	Burt（1997）
福山	1996	社会资本是一种有助于个体之间相互合作的，并且可以用事例说明的非正式规范，对现代经济的有效运行起着重要的作用	社会重要的文化构成	Fukuyama（1996）
林南	2005	社会资本是指个人资源和社会资源的获取和使用	通过社会关系获得的资本	林南（2005）

综合国外社会资本的研究流派和主要学说后发现，不同学者的研究存在明显的差异，这些差异主要来自对社会资本性质的理解、概念的研究角度、研究的范式和范围等方面。这些研究的局限之处是较为偏重理论陈述，能够得到实证研究检验的推论比较少。同时，上述社会资本理论、流派的共同之处是研究所涉及的范围具有一定的相关性，包括组织、规范、社会网络、结构资源等相互关联

的领域。正是相关研究的多样化，使得社会资本以后的研究有了更多的方向，呈现出"百花齐放"的态势。

在这些学者中，科尔曼对社会资本的认识得到了较为广泛的认可，由于科尔曼对社会资本是从功能角度进行界定的，并且基于大量的实证检验，所以他的观点被学界认为较为全面、客观、理性。他曾提出，社会资本作为人力资本的延伸，对个体的认知发展和社会发展至关重要。对于社会资本，有两个因素非常关键：第一个是个体对所处社会环境的信任程度，第二个是个体所承担的义务。他将社会资本延伸为将个体家庭和社区连接的资源，从微观层面拓展到了宏观层面（Coleman，1988）。

二　国内学者对社会资本理论的相关阐述

在我国，社会资本理论的相关研究主要目的是探索个体的社会关系网络的重要性，强调人与人之间、人与社会组织之间、组织与组织之间所结成的网络及其之间的联系。

张其仔（2002）较早对"社会资本"概念进行研究，利用经济学、人类学和社会学进行阐释。在理论层面上，张其仔对古典经济学的"经济人"假设进行了辩证性的探讨。同时，他从社会学的立场提出了"社会人"的假设，并且将社会学中的网络分析理论和社会交换理论引入对经济行为的考察，科学地界定了"社会资本"的概念。在西方理论本土化研究方面，他利用社会资本理论解释了厂商行为、网络社会的经济增长、产权制度选择、社会网络、人口压力和劳动力转移等内容。其将理论与实际结合起来，使社会资本的研究进一步深化，也更接近现实情况。

刘敏（2013）从宏观层面运用社会资本理论探讨由政府、企业与社会组织共同参与的多元化贫困治理模式，从根本上提升贫困地区公民参与经济、融入社会的能力。研究着重探讨了社会资本的减贫效应，在传统的物质资本、人力资本视角之外，探索出社会资本有助于拓宽贫困治理的政策路径。这种路径把贫困社群与其他不同社会经济背景的个人、群体与组织联系起来，构建了较为全面的社会支持网络。

崔巍（2017）基于社会资本的研究为促进我国经济发展提供了一个新的角度。以地区经济增长为例，架设了新的社会结构，描绘了新的社会特征，也指出了单纯从物质视角考虑经济增长相关问题的局限性。他提出应采取积极措施维持信任优势，提高信任水平，巩固并加强市场制度建设。他的研究为提高社会资本与信任水平的相关政策提供了有力支持。他提议社会资本以后的研究应侧重于实证研究，聚焦社会资本的形成机制以及如何产生影响等方面。

从表3-2社会资本在国内学术领域中的使用情况中可以看出，在过去的30多年里，国内涌现了大量的社会资本相关研究，我国学者从社会资本的不同角度来考察社会资本理论的效用和影响。根据其主要研究内容，可以分为政治学的研究、经济学的研究和教育学的研究。

表 3-2 社会资本在国内学术领域中的使用情况

单位：篇

时期	文章数
1951～1960 年	54
1961～1970 年	19

续表

时　期	文章数
1971~1980 年	102
1981~1990 年	769
1991~2000 年	1442
2001~2010 年	15045
2011~2019 年	28266

（一）政治学

社会资本的政治学属性侧重于组织中信任、规范的建设，强调集体行为和集体利益的重要性，这本身对于维护社会稳定就具有正向作用。我国的行政改革是立足于我国国情的，服务型政府建设是在党的十六大后被提出的明确的发展目标。在我国，社会资本与政治学的融合最初体现在解决集体行动问题的课题和研究上，而随着时间的推移和对社会资本概念理解的深入，社会资本的政治学理解开始更多地体现在服务型政府的价值导向和实践形式上。伍翠翠（2018）研究指出，政府应该以服务人民群众为主要目标，而社会资本主要是针对人民群众并服务于人民主体的，所以，社会资本发展和服务型政府的建设密不可分，是符合我国国情、尊重我国社会和经济发展规律的表现。

（二）经济学

胡红濮等（2017）在研究中提出，社会资本是在政府资本之外的社会集合的资本，具有资本的一般属性，如人力属性和社会属性。社会资本理论在实际应用中可以促进卫生信息产业的发展，提高医疗卫生服务质量和效率。

陈赟皓（2017）的实证研究发现，社会资本的积累与大学生就业有直接的相关性。社会竞争越激烈，社会资本运行的空间就越大，社会资本对大学生寻找合适的工作也有举足轻重的作用。

Dong 和 Zhang（2016）的研究为我国历史积累社会资本影响经济发展提供了证据。基于中国各省份 1847～1949 年的历史数据，以留学精英率作为社会资本积累的指标研究发现，历史积累社会资本对当前经济发展的影响是显著且重要的，因为它可以改善当前的社会资本和制度质量。这种观点在控制地理信息、气候、自然资源、历史经济条件和经济政策等多种变量后同样具有很强的说服力。

（三）教育学

盛冰（2003）指出，社会资本的研究重视教育者与学生之间的关系，从而促进了知识的传播，并创造出新的知识。所以，社会资本对学生的学习成绩和学校的综合发展都有十分关键的作用。

张亮和崔永军（2014）对大学生社会资本的形成机制的研究表明，大学生社会资本对大学生的成长有着深远的意义，积极健康的大学生社会资本可以促进学生形成正确的人生观和价值观，从而增强大学生就业的信心。

Li 等（2018）针对我国安徽省滁州市 476 名留守儿童的研究表明，家庭、学校和社区社会资本水平越高，儿童学习成绩越理想，儿童的社会适应能力越强。

总体来看，社会资本理论在我国有广泛的研究领域和应用领域，从宏观经济到微观经济，从结构到个体，都有一定程度的表达和讨论。但是，社会资本的实证研究以及比较研究较为缺乏，关注农村地区社会资本情况的研究也有限。

三　社会资本在中国本土化的研究

(一)　社会资本在中国的文化背景

中国的社会资本研究与中国的文化背景息息相关。汉语中的"同"字开头的词，如同门、同学、同事等，不仅揭示了社会资本在中国文化背景下的深刻含义，而且清楚地表明了中国特色社会资本的主要载体，即关系、惯例、社会交往、家庭联系等（庄瑜，2004）。中国传统文化强调群体以及社会在价值观形成中的重要作用，"百善孝为先""集体的利益大于一切"等传统观念揭示了个人需要优先考虑家庭和集体利益的社会文化背景。

费孝通在《乡土中国》一书中曾提出，儒家所侧重的"人伦"，正是每个人从自身出发，就好似把一块石头丢在水面上会产生一轮轮水波，这一轮轮的水波就是个体与周围人发生关联所形成的差序。这种差序的格局，即为私人关系的增加，在中国乡土社会中表现得更为明显。在差序格局中，是无数私人关系网络的集合，这些网络的每一个节点都依附着一种或两种核心的道德要素，会无意识地形成在群体中默认的道德价值判断标准。以此为延伸，社会范围就是许多个这种私人关系网所构成的大网。他认为，传统社会里所有的社会道德和行为约束，也只在私人关系中有意义（费孝通，2012）。

张其仔（2002）在他对社会资本的研究中，将儒家文明定义成一种把社会资本引入个人目标函数的规定，但其在结构上表现出的是人与人之间的各式各样的关系网络。

黄光国（1989）在他的研究中指出，中国人的社会行为在儒家文化的影响下，呈现鲜明的"人情与面子"文化。他指出，在这种文化的影响下，人与人在交往的时候，先要判断关系的类型（情感型关系、工具型关系、混合型关系），即"人有亲疏"。具体关系类型与特征如图3-1所示。

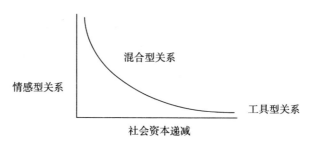

图3-1　社会资本的类型——连续统一体

根据黄光国的观点，社会资本的行为是一个分段函数，如图3-1所示。第一种社会资本类型是情感型关系，一般情况下是以满足别人的需要为最大化目标，是利他的行为，比如父母给自己的孩子买房，尽管父母自己不住，他们也愿意用自己辛苦工作、省吃俭用多年的积蓄为孩子买房，这往往是出于情感的行为，所以这种类型的社会资本一般是指家庭关系。第二种社会资本类型是工具型关系，一般是以追求个人利益最大化为目标，是指较为陌生的关系。第三种社会资本类型是混合型关系，一般是指朋友和亲戚关系。混合型关系的特点是以人情和面子等因素为最大化目标。在现实生活中，情感型关系、工具型关系、混合型关系并不是完全对立的三个概念，而是构成一个连续统一的函数。而在社会资本的概念中，情感型关系的社会资本积累是最多的，工具型关系的社会资本积累是最少的，随着情感型关系转向工具型关系，社会资本的积累逐渐减少。

（二）中国经济背景下的社会资本研究

社会资本作为一种隐性资本，渗透进我国政治、经济发展和文化建设等诸多方面。改革开放以来，我国的经济发展迅速，尤其是农村地区的改革和发展，更是决定我国经济能否持续增长的关键因素。

张伟明（2016）基于浙江省中部某县的约200个村庄的相关统计数据，并结合村支书、村委会主任以及村委会成员和村民的深度访谈，研究将社会资本概念应用于我国农村地区的农村创业、非农产业成长、要素流动、社会治理、文化建设等方面。经过对社会资本的多重效应总结，提出了"三重效应"，并一一对应"三重机制"。"制度效应"对应社会网络与产业发展；"资源效应"对应劳动力流动与创业支持；"组织效应"对应村庄选举和乡村治理。将社会资本看作一种非正式制度的形式，为实现经济平稳、快速、可持续发展保驾护航。

曾克强（2017）研究发现，社会资本对区域经济发展的影响是正向的，其中对中西部地区的影响更加显著。社会网络对区域经济增长的直接作用更加显著，社会信任和社会规范的作用是间接的。社会资本对区域全要素生产率的影响是正向的，其中对东部地区的影响更为显著，主要通过社会网络拓展和社会规范程度提升实现。

陈东勤和王碗（2018）在对我国农民工返乡创业的相关研究中提及，社会资本能够提升返乡农民工的社会关系支持力度，增加个体的创业选择，使个体获得更高的创业效率，从而在更广泛的意义上促进区域经济发展。边燕杰和丘海雄（2000）利用广州市188家企业的调查数据证实了社会资本对企业的经营能力和经济效益有显著且直观的改善作用，社会资本对企业的成长至关重要。

总之，社会资本作为一种隐性资本，渗透进我国政治、经济发展和文化建设等诸多方面。虽然学界对社会资本的特征、效用和影响力等尚未达成一致，但也正是这种多样性为研究提供了更加广阔的舞台。

第四章 农村初中生社会资本现状

　　我国农村地区的生活环境与城市地区有一定的差异。由于地理位置特征，农村地区的居住环境更像是一个个小型社区，农户们聚集在这样一个紧凑且密集的居住区内，参与生产、生活等各种形式的社会活动，它是一个为其中居住的人们所公认的事实上的社会单位。由于经济发展和社会变迁，现在的农村地区中人们的生活水平得到了显著提升，但是具有社会属性的社区意识依然存留在人们的观念中，农户们的社区意识比城市居民更加深刻。例如，逢年过节，农户们会互相拜访，在交流中了解彼此的生活境况；在遇到"红事""白事"时，村里也会有较为密集的聚会和习俗，个体对社会的依附性也更强。

　　我国农村地区教师的生活、工作境况有一定的特殊性。由于受到城乡二元结构、农村落后的基础建设水平以及社会观念等因素的制约，农村教师面临"课程量大，经济收入少"的状况。刘文华和王茂华（2017）基于甘肃省两个县 460 位农村教师的实证研究表明，样本中的农村教师平均每周授课 15 节，最多的教师每周授课高达 34 节；教师平均每天在校工作时间是 10.5 小时，最多是 16 小时，超过了每天 8 小时的国家法定工作时间。另外，由于农村地区条件艰苦，很多农村学校存在"教师少、课程多"的实际困难。刘文华和王茂华（2017）的实证研究表明，54.3%的农村教师正在跨年级授课，高达80.9%的农村教师在周末和法定节假日无法休息。在深度访谈中，一位农村教师提到，大部分的教师在课后还需要承担护送学生安全离开学校、监督课外活动、防止安全事故等工作，基本上每时每刻都需要关注着学生；还有一位教师每周授课量高达34节，她说在2014年的秋季学期，自己承担了三个年级共八门课的课程任务，每天中午需要自己做饭，中午只有20分钟的休息时间。在如此繁重的工作压力下，农村教师每月工资平均是2979.8元，98%的受访教师表示"除了工资没有其他收入"。由于工作压力大，农村地区教师的健康状况不容乐观。罗儒国（2012）在对我国东部、中部、西部地区900名农村教师的生存状况进行调查后发现：74.7%的教师表示自己患有慢性咽喉炎、颈椎病等生理疾病，只有16.3%的教师反映生理健康状况良好。

在接受培训和改善教学效果方面，农村地区教师也有其特殊性。Lu等（2017）对国家教师培训计划对农村学生学业成绩的影响进行了评估，通过对西部某省84名教师和3066名学生的数据分析发现，国家教师培训计划对学生数学成绩没有影响。虽然它对教师的数学教学知识水平提升有积极影响，但对课堂教学实践没有显著影响。也就是说，教师可能已经通过国家教师培训计划提高了他们的教学知识水平，但并没有将他们所学到的知识应用到课堂教学实践或学生学习中去。总结来说，我国农村教师面临专业角色不够清晰、专业知识相对不足、发展资源明显弱势等一系列艰难性问题（王勇鹏，2011）。

近年来，国家十分重视农村地区教师队伍建设，颁布了一系列政策文件，旨在改善农村地区教师生活和工作境况，提升农村地区教师的生活质量和幸福感。2010 年 7 月，中共中央、国务院颁发《国家中长期教育改革和发展规划纲要（2010—2020 年）》，提出"依法保证教师平均工资水平不低于或者高于国家公务员的平均工资水平。对长期在农村基层和艰苦边远地区工作的教师，在工资、职务等方面实行倾斜政策，完善津贴补贴标准"。2013 年 9 月，教育部、财政部印发《关于落实 2013 年中央 1 号文件要求对在连片特困地区工作的乡村教师给予生活补助的通知》，决定对在连片特困地区义务教育乡、村学校和教学点工作的教师（简称"乡村教师"）给予生活补助。2015 年 4 月 1 日，中央全面深化改革领导小组第十一次会议审议通过了《乡村教师支持计划（2015—2020 年）》，提出通过全面提高乡村教师思想政治素质和师德水平、拓展乡村教师补充渠道、提高乡村教师生活待遇、统一城乡教职工编制标准、全面提升乡村教师能力素质，阻止贫困代际传递，发展乡村教育，让每个乡村孩子都能接受公平、有质量的教育。

一　农村地区初中生社会资本

20 世纪 90 年代末，我国农村地区学校存在"村小布点分散""小班额比例大"的情况。在一些偏远地区的农村学校，一个学生一个班，甚至一个学生一所学校的现象并不罕见。在这种"哪里有炊烟，哪里就有学校"的办学状态下，教育资源被严重浪费，教育质量也很难得到保证。2001 年，为了改善农村这种基础教育局面，优化农村教育资源配置，全面提高中小学教育投资效益和教育质量，促进农村基础教育事业健康可持续发展，国务院发布《关于基础教育改革与发展的决定》，指出应"因地制宜调整农村义务教育学校布局。按照小学就近入学、初中相对集中、优化教育资源配置的原则，合理规划和调整学校布局"。摒弃"村村办学"的方式，对邻近的学校进行资源合并，也就是说，在农村地区，将生源少、效益低的"麻雀"学校进行撤销，与邻近的学校合并，这能够使许多地区的农村学校达到初步的规模办学。

在撤点并校的情况下，政府的教育投入得到了更加合理、有效的使用，学校的教学仪器等配套设施得到了完善，教育资源也得到了更加合理和有效的配置。2002 年和 2003 年，国务院办公厅和财政部分别发布了《关于完善农村义务教育管理体制的通知》和《中小学布局调整专项资金管理办法》，进一步推动了农村中小学布局调整工作。根据教育部公布的《全国教育事业发展统计公报》，从 1997 年到 2010 年，全国小学减少 371470 所，其中农村小学减少 302099 所。

在这样的政策背景下，为了使农村地区学生适应集中办学，解决其上学路途遥远的问题，发展寄宿制学校成为农村撤点并校后采取的普遍做法。寄宿制也为学生带来了一些新的问题。例如，寄宿制要求学生具备更强的自理能力，学生需要适应在学校里独立生活。尽管三餐不用自己做，内心的焦虑却无法随时与家人诉说，大大小小的事情都需要尝试自己做决定，这种心理上的"被迫断奶"对于学生的影响是较大的。另外，同伴关系、师生关系的影响也会更大。在住校期间，同伴和老师代替了学生在成长过程中家人的角色，也是其情感的重要依托，尤其是来自同村的同校同学、同班同学，彼此之间具有更深刻的了解和情感，往往会自然而然成为人际关系的重要组成因素。

此外，不容忽视的情况是校园欺凌现象。相关实证研究表明，

28.3%的农村初中生存在轻度的不良心理反应，4.5%的农村初中生存在明显的心理健康问题（陈植乔等，2000）。而一项采用心理健康诊断测试（MHT）和个人调查问卷的方法，运用描述性统计和 OLS 回归方法对 8536 名农村初中生的心理健康和欺凌情况进行分析的实证研究表明：10%的农村初中生被测出心理状态欠佳，37%的农村初中生正在遭受校园欺凌，校园欺凌与心理健康有显著负相关关系，即校园欺凌发生率越高，学生的心理健康水平越低（高岫等，2018）。相关的实证研究也表明，寄宿制学校发生校园暴力和校园欺凌的情况并不罕见，吴方文等（2016）基于川、冀两省 17841 名农村寄宿生的实证研究发现，寄宿生所受到的校园欺凌较为严重。这主要是由于寄宿环境是相对独立的、封闭的，为校园暴力提供了更多的机会和场所，甚至有时会造成受欺凌者无法避免与欺凌者接触的情况。而且，由于缺少家庭一对一的关注和指导，有许多受欺凌者往往选择忍气吞声而不是积极处理、反抗。在这种情况下，这一问题更应该得到规范化预防和处理。2016 年，国务院教育督导委员会办公室印发了《关于开展校园欺凌专项治理的通知》，要求各地各中小学校针对发生在学生之间，蓄意或恶意通过肢体、语言及网络等手段，实施欺负、侮辱造成伤害的校园欺凌进行专项治理。

农村地区学校对于学生来说，如同一个关系与互动系统。由于我国城乡地区经济发展的不平衡，农村地区的教育问题更需要被重视。有研究指出，农村初中生第一年和第二年的辍学率分别是 5.7%和 9.0%。在造成农村初中生选择辍学的诸多因素之中，传统因素所能解释的农村初中生辍学动机并不全面，非经济因素（表现为学生同伴关系、师生关系等）的作用同样非常重要，需要进行更多的学术探索（闵文斌等，2016）。

农村地区校园社会资本一般分为两种：垂直关系和水平关系。垂直关系一般是指家长或老师这类拥有更多知识和更大权力的成年人与学生之间的关系，其主要功能是保护学生的安全、教授学生知识和技能。水平关系是学生与自己的同伴之间的一种较为平等的关系，其主要功能是给学生提供分享和交流经验的机会（周静，2003）。

同伴关系、师生关系正是农村地区初中生校园社会资本最重要的两个组成部分（Kindermann and Vollet, 2014; Michalec et al., 2003）。同时，同伴关系和师生关系也会影响学生的校园参与感、学业表现以及社交动机（Wentzel et al., 2010）。

二 农村初中生学业表现影响因素

教育成就的衡量指标一般包括智力状况、学业表现、升学情况、文凭学历等。其中，学业表现是最为有效和公正的衡量指标和教育制度成功的重要预测指标（赵红霞，2011；雷浩，2015）。

学生的学业表现，一般包括学生对所学知识理解程度、学生学习态度或学术行为、学生的学习习惯和技能、学生日常作业的完成率等内容。对学业表现的测量主要有考试测试成绩、日常作业成绩、学生平时在校表现等（杨海波，2008）。我国现阶段对于学业表现的衡量是以测试成绩为指标。本书研究所采用的学业表现测量方式是标准化数学考试。

有学者从人际互动论的角度强调师生关系、同伴关系对学业表现会产生一定的影响，这种观点关注到学校内部人际互动过程，基本假设为学生学业成绩的差异可以从学校及课堂的人际互动过程中得到解释（雷浩，2015）。

国际上关于学业表现的影响因素研究很多，主要集中于经济因素、家庭因素和学习习惯因素等方面（Mejia and Filus，2018）。经济因素相关的研究主要比较经济因素与非经济因素在学业表现中产生的影响和效用，家庭因素相关研究侧重于家庭教养方式和学生学业表现之间的关联，学习习惯因素相关研究较为强调个人技能的培养。按照不同的科目区分，语文学业表现与词汇量、阅读量、印刷品阅读能力、字母识别和解码能力、记忆力、文字处理速度和注意力的持续程度等有显著相关性，数学学业表现与计算能力、计数技巧、运算注意力等有显著相关性（Cirino et al.，2018）。Duncan等（2007）的研究表明，衡量数学和语文成绩的最有力的指标是入学成绩水平以及注意力集中的行为。入学成绩水平越高，综合学业表现越好；注意力集中的行为越多，综合学业表现越好。

在探索区域性学生学业表现的差异上，比较具有代表性的研究是 Miller 和 Votruba-Drzal（2013）使用具有代表性的美国早期儿童纵向研究项目（Early Childhood Longitudinal Study）数据，基于美国城乡一体化的背景，探索大型城市、小型城市、城市郊区和农村地区的父母在获得教育资源和抚养子女的教育方法上的差异与孩童早期的学习技能和学业表现之间的关系。在这篇研究中，样本中有来自大型城市、小型城市、城市郊区和农村地区四个区域的共 6050 名9 个月到幼儿园的学生，研究的结果变量是学生的学业表现，学业表现通过对学生的语文阅读技能和数字运算技能进行考查得到。结果表明，与小型城市和城市郊区的孩子相比，大型城市和农村地区的孩子进入幼儿园时的学习能力较差。研究者试图探索其中的原因，通过规范的研究分析后发现，农村地区的儿童成绩较差，部分归因于家庭经济环境，更多家长考虑以家庭为基础的学前教育，而不是以学校为基础的学前教育；而生活在大型城市的父母，由于工作忙碌、压力较大，对儿童发展相关知识了解较少，也较为忽视儿童的成长规律。这项研究所得出的结论为美国基础教育做出了重要贡献（Miller and Votruba-Drzal，2013）。

近几年，国际上对影响学习成绩相关因素的研究侧重于现代科学技术和学生学业表现的相关性。研究证明，网络搜索、社交媒体等现代科学技术的使用对学生学业表现有着显著且消极的预测作用（Uzun and Kilis，2019；Rosen et al.，2013；Purcell，2011）。也就是说，使用现代科技设备并不能提升学业表现。

教育是经济发展的根本途径，教育发展对国民素质提高、贫富差距消除、人类文明进步等，具有基础性、先导性、全局性的作用。农村教育一直是我国教育的重点和难点。一般情况下，学生在初中阶段感到难学的主要是数学，因为数学学习困难而无法完成义务教育阶段学业的学生比例很大（王兴民，2008）。国内关于农村初中生学业成绩的理论研究和实证研究都说明，农村初中生的学业成绩受到多方面因素的影响。例如，张发军（2010）通过对皖北4所农村初级中学的1536名学生的调查发现，农村学生倾向于将影响自己学业的不良因素分为内部因素和外部因素两种。内部因素主要是自身能力不足，外部因素为运气不佳和缺乏学习支持。

笔者通过阅读、比较、整理大量的相关文献发现，影响农村初中生数学成绩的因素主要有家庭因素、校风班风、教师素质，学生自身因素等（王兴民，2008；李巧灵，2016；蔡琼霞，2004）。

（一）家庭因素对学生学业成绩的影响

家庭是社会构成的最小单位，学生大多数时间生活在家庭中。研究表明，家庭经济条件会影响学生的学业成绩。家庭监护人的言传身教会影响和塑造一个人的品行和习惯。而学习是日积月累的过程，没有良好的学习习惯，很难拥有好的学业成绩。例如，独立完成作业的习惯、遇到难题勇于克服的学习态度。

家庭因素包含经济因素和非经济因素。在农村地区，与学业成绩相关的家庭经济因素包括父母职业、家庭经济收入、家庭住房条件和学生学习空间（傅纪恩，2017）。与学业成绩相关的家庭非经济因素包括父母文化程度、兄弟姐妹个数、家长教育态度、家长辅导课后作业的时间（罗国刚等，1996；李俊毅，2018）。

需要看到的是农村地区家庭因素的特殊性体现在所面对的教育环境上。对于很多农村家庭来说，政策带给他们最大的变化是孩子需要在学校寄宿。而寄宿制在很大程度上降低了家庭因素对学生学业表现的影响。寄宿制要求学生具备更强的自理能力和心理承受能力，学生需要适应在学校里独立生活的日子，还需要提高处理问题的能力。

（二）校风班风对学生学业成绩的影响

校风班风因素包括学习时间的超前性、学习的自觉性、学习的能动性、学习方法的创新性、情绪的稳定性和学习心理的愉悦性这六项内容（李巧灵，2016）。积极向上的校风班风会使学生受到感染，形成良好的学习氛围，学生会更有耐心，更具探索精神和钻研精神，也会较为积极地面对学习当中所遇到的问题；而与此相反的是，消极懈怠的校风班风也会使学生受到潜移默化的影响，这样的学习氛围，会消磨学生的学习意志力，打击学生的学习热情，使学生面对困难时更容易放弃或者产生畏难情绪。

近年来，家长追捧的"重点学校""尖子班"等说明了校风班风对于学生学业表现的无形影响力。家长们坚信，自己的孩子是具有可塑性的，好的同伴或者班级能够产生一种良好学习氛围笼罩的"场"。在这种"场"的影响下，学生的良好学习习惯将是自动、自发形成的。

（三）教师素质对学生学业成绩的影响

教师素质也是影响初中生数学成绩的重要因素之一。教师的素质具体体现在教师的能力、知识体系和对学生的态度等方面。师生关系是学生在校期间最为重要的人际关系之一。李巧灵（2016）在以农村初中数学学困生为访谈对象的实证研究中发现，30%的学困生对自己的数学教师的知识水平和能力不满意；90%的学困生表示，即使自己的数学成绩不理想，教师也不批评。这也从另一个角度说明教师多寄托于成绩优秀的学生，对学困生的学习状态和学习结果采取听之任之的态度。也就是说，良好的师生关系会给予学生更多的学习自信，消极的师生关系会打击学生的学习积极性，不利于学生的成长。

教师素质对农村初中生的学业成绩和学习动机有显著的正向影响。杨塬野（2017）基于中部地区300所农村初中的实证研究表明，中部地区农村教师的素质依然有很大的提升空间。教师的教学观念在教师素质与农村初中生的学习动机之间起到了部分中介作用。

（四）学生自身因素对学生学业成绩的影响

学生自身因素也是影响数学成绩的重要因素。个体面对数学学习挫折的感受不同，反映在学生对自身学习效果的期望值的高低、学习目的明确与否、对挫折的容忍度等方面（蔡琼霞，2004）。

马蕾迪等（2015）的研究借助 PISA 测评试卷和调查问卷，以昆明市 1164 名初三学生为研究对象，调查了中学生学习参与度对数学成绩的影响，结果表明学习参与度对数学成绩有显著的影响。具体来看，学生的自我效能感对数学成绩的影响最大，其次是做家庭作业的时间，最后是学习兴趣。而在影响学生学习成绩的诸多因素中，学生的主体参与是主要因素，家庭拥有的与学生学习相关的资源是重要因素。

季美倩（2014）对农村地区学困生的研究结果表明，学生在数学学习方面的兴趣和意志力是影响数学成绩的主要因素，缺乏自信心、学习方法不成熟是影响数学成绩的相关因素。李巧灵（2016）以农村初中数学学困生为访谈对象的实证研究发现，在学习新知识后，一直坚持总结复习的学困生只有 12.7%，不能做到"将每次测验的错题都弄明白"的学困生占到 56.7%，能够做到"将所有难题弄明白"的学困生仅占 4.7%。也就是说，学困生自身学习的主观能动性不足。除此之外，学生的非智力因素也会影响学生的学业表现。郑浏漵（2018）针对 2062 名农村高中生的实证研究表明，学习成绩不仅是智力水平的体现，也是很多非智力因素例如身体健康状况、睡眠质量和家庭因素等综合作用的结果。

（五）农村初中生在数学学习方面的特点

农村学生与城市学生在数学学习能力上有一定的差异，具体体现在对数学的兴趣培养上（季美倩，2014）。城市学生的知识面较广，父母更重视数学兴趣的培养。另外，城市学生的生活压力较小，农村学生在课余时间往往要帮助家人做农活，这使他们投入学习中的时间和精力被大大压缩。此外，汪阳春和朱振亚（2009）对农村初中生学习成绩的实证研究表明，影响农村初中生学习的关键因素是学习兴趣和父母平均每年在家时间。梅红星（2008）对农村初中生数学成绩影响因素的研究表明，农村初中生的数学成绩与个人学习习惯、学校教育质量、家庭环境因素均有相关性。其中，个人学习习惯对数学成绩影响最大，其次是学校教育质量，最后是家庭环境。

总体来看，对学生学业成绩的研究较为广泛，但是也面临一定的局限性，比如大量的研究只分析学校因素对学业成绩的影响，且多停留于经验层面或者理论说明，分析各因素之间的联系的实证研究较少。

三　学生校园社会资本的城乡差异

（一）同伴关系的城乡差异

研究表明，初中生的同伴关系具有显著的城乡差异。具体来看，在同伴关系的消极影响方面，农村初中生的得分显著高于城市初中生；而在同伴关系的积极影响方面，如在丰富生活与提供支持方面，城市初中生的得分显著高于农村初中生（曹加平，2006）。这样的现象可能是由于农村经济发展、教育质量、基础设施等相较于城市比较落后，农村学生的课余生活较为单一。

同时，同伴关系与学校适应的关系也存在显著的城乡差异：在城市，只有同伴接纳能显著地负向预测青少年的社交焦虑；而在农村，攻击-破坏行为、害羞-敏感行为均能显著地正向预测青少年的社交焦虑；与农村青少年相比，城市青少年的同伴接纳、攻击-破坏行为对其学业成绩的预测作用大一些，而社交-领导行为的预测作用要小一些（战欣等，2005）。这一差异说明，在农村地区，同伴关系对个体的心理状态和学业表现的影响更大一些。

同伴关系最为重要的作用是获得自我认同感，建立稳定的自我同一性（黄星月，2017）。相关研究显示，对于同伴关系而言非常重要的自我认知概念，存在显著的城乡差异，具体表现为城市初中生自我认知概念的得分明显高于农村初中生。其研究还指出，教师或父母对初中生的评价如果是积极正面的，那么初中生就会趋向于形成较为良好的自我肯定概念，也会更受同伴的欢迎（咸大伟，2008）。这样的城乡差异可能是由于，很多农村孩子的家庭教育缺失，父母的文化程度有限，工作又较为辛苦，所以忽略了孩子的社交需求和感受，同时，其也很难寻求到科学的方法指导孩子形成自我认知概念。

（二）师生关系的城乡差异

长期以来，我国的教育学者致力于推动乡村教育改革与农村教育实践和理论研究。但是，受制于经济因素、文化因素，城乡教育的发展依然存在不平等和不均衡的问题。而作为教育重要组成部分的师生关系的城乡差异也是导致城乡教育异质性的不可忽略的因素。

具体而言，城乡比较上，各级各类学校的农村教师负担的学生人数都超过城镇教师，而过重的工作负担也会影响教师的教学质量和教师与学生的关系。邓飞（2012）研究发现，学生感知的教师行为也存在一定的城乡差异。在教师教学上，农村教育者更重视升学率，较为忽视学生的文化素养。而城市教育者往往拥有更开放的观念和更创新的教学理念（王振存，2011）。

在学生对教育的感知上，与农村初中生相比，城市初中生感知到更多的教师民主行为和更少的教师放任行为。而相对于城市初中生，农村初中生的社交能力评价和孤独感都较高，并且更期望得到教师的重视和关怀（刘晓梅，2007）。另外，农村学生感受到的可支配的教育资源非常有限，除了学校之外，很难有公共文化设施，如图书馆、音乐厅、博物馆、少年宫等（王振存，2011）。这种局限性也会限制学生对教师课堂教学内容的理解和掌握。

四 学生校园社会资本与学业表现的相关性

（一）同伴关系与学业表现的相关性

同伴关系作为人际关系中最重要的因素之一，对个体的影响是深远的，朋友之间在对学业的重视程度、目标导向和社会行为方式上都比较相似。相关研究表明，同伴关系与学生学业表现联系紧密。在青少年时期，同伴的影响首次超越了父母，缺少朋友会导致青少年孤独、自卑。周静（2003）从精神分析心理学的角度认为，初中生同伴群体的独特功能包括抑制青春期的躁动性、获得情感支持和社会支持、提供体验各种情感和行为的机会、在冲突中锻炼自己的性格、培养正确的性态度、培养道德判断能力和社会价值观、提高和维护自尊感。皮亚杰（Piaget，1932）在他的早期研究中论述到同伴关系在塑造社会关系中所发挥的重要作用。他认为，这种关系的源头是同伴关系中的合作与情感共鸣使儿童获得了关于社会关系的更深层次的了解和更广阔的认知视野。

（二）师生关系与学业表现的相关性

广义上，师生关系是指在校园内学生与教师之间的互动关系。具体来说，师生关系是指学校中学生在其与教师互动过程中建立的认知、情感、行为等方面的关系，是个体社会化的重要内容（范燕平、韩琴，2016）。狭义上讲，师生关系的特殊性体现在共同参与并完成学校各种教育教学方面的活动，由此构成的教育学属性下的人际关系，是教育学的重要内容（曲鸿雁，2011）。

在影响学生学业表现的因素中，师生关系一直被认为是最为重要的因素之一（黄慧静、辛涛，2007）。国外关于师生关系与学业表现的研究比较成熟。Roorda 等（2011）基于美国从 1990 年到 2011 年的 99 项研究，样本包含从幼儿园到高中的 88417 名学生的师生关系与学业表现情况，研究发现，随着年级的递增，师生关系对学生学业表现的影响也在逐渐增强。研究还发现，师生关系的影响对学困生和家庭经济状况较差的学生更为重要。Lee（2012）在美国进行的涵盖 147 所中学共 3748 名 9 年级和 10 年级学生的研究表明，学生在校学习体验与学术压力（体现在教师的严格要求上）和教师回应（师生关系）有显著的关系。支持性的师生关系作为校园社会资本的重要来源，与学生正面的社交观念正相关，与学生的冲突行为、辍学行为负相关。Behjat 等（2014）的研究表明，教师特征对于预测学生学业表现有重要的作用。

国内关于师生关系的研究主要停留在理论和思辨的层面上，但是也不乏严谨的实证研究。刘佳（2018）基于上海和沈阳的 3 所中学的 212 位教师关于"中学教师有效教学能力素质"的调研发现，现阶段我国中学教师的有效教学能力素质与关键行为存在发展不充分、不平衡的问题。这种发展不充分性具体体现在实践性知识较为薄弱、教学研究与反思能力欠缺、工作不细心不热情等方面。另外，中学教师普遍存在教学目标意识不强、教学方式单一、缺少个体针对性等问题。而发展不平衡体现在，中西部地区非市区、非重点中学的教师，有效教学能力素质与关键行为表现相对而言较差（刘佳，2018）。

我国关于师生关系的研究普遍发现，师生关系与学业表现有一定的相关性，但是很少提出明确的改善师生关系的实证依据。

第五章　农村初中生社会资本与学业表现研究设计

一　社会资本的层级

在对社会资本进行研究时，一般分三个分析层级。第一层级是微观或个人社会资本情况，研究要素有个体的业缘性联系（师生关系）、地缘性联系（同伴关系）以及亲缘性关系（家庭亲属关系）等。从微观社会资本的角度出发，许多研究表明个人的社会资本有助于提高个人的社会地位、经济收入以及增加个人获取信息的渠道等。第二层级是中观社会资本，这一层级包含组织、群体、村庄和社区的社会关系网络，研究要素一般包含个体嵌入网络、互助情况和信任水平等。在中观的网络层面上，学者们的关注点转移到个体如何获取嵌入在集体中的资源上。在这一层级中，学者们关注的是为什么集体中的某些个体相比其他个体能够更好地获得嵌入性资源以及不同社会关系的网络类型和性质等内容。第三层级是宏观社会资本，这一层级包含政府的政策效应，研究要素有政府的制度效应、资源效应和组织效应等内容（Coleman，1988）。针对宏观层面的研究比较少，在这一层级的研究中，我国学者主要关注的是经济转型中社会资本对法律制度、市场发展的作用，试图构建出政府、市场和社会资本的三元模式（李惠斌、杨雪冬，2000；都阳、蔡昉，2005；刘敏，2013），同时也关注集体行动问题以实现更高的经济绩效等。

这三种不同的社会资本研究层级实际上存在内在的关联性和互补性，如果将三者有机结合起来进行研究，就会对社会主义制度下的经济发展与转型问题有进一步的解释。

二　社会资本的测量

（一）社会资本的测量方法

社会资本的测量一直是社会资本研究领域中的重要研究课题。社会资本是非常难以观察到和测量到的，所以关于社会资本的测量的研究，主要流派的观点是将定量研究和定性研究结合起来。科尔曼（Coleman，1990）曾在他关于社会资本的研究——《社会理论基础》一书中提出过这方面的疑问，即社会资本是否可以如同其他的资本形式，诸如经济资本和人力资本一样，成为有定量概念的资本。在当时的情况下，社会资本研究主要是对社会体系做出定性分析，为积累定量分析中的定性指标做出必要的铺垫（Coleman，1990）。他提出的疑问、他的判断以及思考方向为之后社会资本的测量奠定了重要的基础。

传统的研究中，主要是选择相关变量，并遵循一定的标准对社会资本进行测量。对社会资本最早的测量始于帕特南（Putnam，1993a），他在研究中利用参与社区行动的团体及团体中所包含的人数来测量社会资本。他在研究中指出，社会团体的密度，即社会资本的大小对解释意大利南北的经济差异具有关键性作用。他的方法也为社会资本的测量奠定了基础。

近年来，在世界范围内，社会资本主要有两个测量工具被较为广泛地认可并使用，一个是世界银行的社会资本评估工具（Social Capital Assessment Tool，SOCAT），另一个是适应性社会资本评估工具（Adapted Social Capital Assessment Tool，ASCAT）（Carrillo and Riera，2017）。这两个工具问卷将问题分为集体成员、社会规范、公民约束、支持合作和社会感受，并将个人层面的特征综合起来生成结果。这些测量方法都包含宏观和微观层面，问卷设计的背景并不完全符合我国国情，本书的变量设置参考了国际通用的社会资本评估工具的设计思路。

国内也有多位学者对社会资本进行测量，比较具有代表性的研究有以下几个。赵延东和罗家德（2005）对国内外有关社会资本的经验研究进行了综述，对社会资本的层次及相应的测量方法进行了总结。他们将社会资本分成"个体/微观"和"集体/宏观"两个层次。桂勇和黄荣贵（2008）基于2006~2007年在上海市50个社区收集的数据构建了一个包含七个维度的社区社会资本测量量表。这七个维度包含参与社团或组织、地方性社会网络、非正式社会互动、信任、互惠、志愿主义、社会支持等。此量表结合了国外大量的理论研究和我国国情，因此具有良好的信度和效度。左孝凡等（2018）基于多维贫困理论和2010~2014年中国家庭追踪调查（CFPS）数据，构建并使用了多元线性回归模型、二分类 Logit 模型和有序 Probit 模型，采用代理变量、工具变量等方法，研究了社会资本对农村居民贫困的影响。研究结果表明，我国农村居民的长期多维贫困具有明显的区域差异性，社会资本通过对居民收入的正向影响缓解农村居民长期多维贫困。

综上所述，我国学者对社会资本测量的相关研究较符合我国的国情，但是关注农村社会以及初中生这一特殊群体的研究有限。根据社会资本的内涵和我国国情，以后的社会资本研究更多情况下是要找到与研究课题相关联的具有代表性的变量，作为社会资本的代理变量。而在寻求合适的宏观社会资本的代理变量时，要关注社会结构、社会意识和社会互动三个方面。而在选取指标的过程中，要符合可得性、客观性和可比性三个标准，如果能够同时满足这三个标准，统计变量就可以被纳入测量体系。

（二）校园社会资本的测量方法

1. 同伴关系研究方法

现有的同伴关系研究方法主要从以下几个角度展开。

（1）同伴关系数量测量

这一研究方法主要通过询问被试者同伴关系的数量来确定同伴关系的范围，从而推测出学生的同伴关系状态。这种研究方法是单向的，只关注个体自身对友谊的理解。

（2）同伴接纳测量

这一研究方法主要是通过同伴提名法来考察同伴接纳程度，了解在一个社会群体里，个体受到同伴的喜欢程度是多大，即"有多少人认为自己是朋友"。通过这一方法可以看出主观判断和客观接纳的关系状态及个人受欢迎程度。

（3）朋友关系测量

这一研究方法一般让被试者根据亲密程度，写出若干好友的姓名。有的研究会对互选为最好朋友的个体进行单独分析，并在其中研究朋友的质量。

（4）社会认知地图（Social Cognitive Map）

这一研究方法将个体自我报告的情况与同伴接纳测量结合起来，根据自身的同伴关系经验和自己观察到的周围同班同学的活动情况，进行群体性的同伴提名。

（5）同伴排斥测量

这一研究方法主要是通过负面的形式来了解环境中最不受欢迎的个体情况。利用同伴提名的方式了解不受欢迎的人的具体情况，要求被试者写出自己不喜欢的若干同学来进行消极提名，以消极提名分度量同伴排斥，用负分表示。这种研究方法往往会与同伴积极提名一起使用，把两者分数相加得到一个同伴关系的总得分（杨海波，2008）。

本书研究所采用的方法综合了学生的自我报告同伴关系情况和客观的同伴接纳程度，在此基础上，进行了校园同伴关系和校外同伴关系的划分，以此较为准确地梳理出不同学生所受同伴关系影响的程度及范围。

（6）社会测量法（Sociometry）

这一研究方法主要是通过问卷测试题，分别向学生提出强度不同的若干问题。一般强度是根据选择的内容所反映出来的同伴关系的强弱性和稳定性而划分。问题如春游时、重新排列座位时，最喜欢或者最不喜欢跟谁在一起，要求被试者作答，同时说明主观原因。这种提供具体情境，并且根据同伴关系强弱划分出来的测试题会使被试者更加直观地阐述自己的同伴关系情况。

（7）群体社会化发展理论

刘俊升（2006）的研究指出，传统的同伴关系研究的切入点主要有同伴接纳、同伴拒绝和同伴友谊。群体社会化发展理论成为研究同伴关系的新角度。在这样的研究角度下，同伴群体有时会以"拉帮结派"的形式出现，他们有着许多共同点，比如相近的信仰，相同的民族、性别或者社会地位。他们的友谊在其中是以自愿的形式黏合，不受到成人建议以及外部环境的影响。

关于我国农村初中生同伴关系的研究主要集中在同伴关系对农村留守儿童这一特殊群体的影响上（罗翠翠，2016）。关于农村初中生同伴关系在学生个体层面中所反映出来的主要问题，现有研究主要从两个角度探索其成因：学校推力和社会拉力（王艳丽、张改清，2017；王渊博，2014）。其中，学校推力是指农村学校校园内的可能影响学生学业选择的因素，如教育资源投入、师生关系、同伴关系等因素；社会拉力是指在校园外可能影响学生学业选择的社会因素。

2. 师生关系研究方法

影响教育成就的一个重要因素是教师的素质。Darling-Hammond 和 Snyder（2000）的研究指出，五种专业教育能力包括：概念化能力（整合内容知识和对教育的理解来规划和实施教学的能力）；诊断能力；协调能力（有效管理资源以实现教学目标的能力）；语言、非语言沟通能力；综合性互动能力（作为专业决策者的能力）。研究者还提出"情境化教学评估"可以作为测量教师能力的方式，"情境化教学评估"要求教师既能从以学生为主体的教学情境中进行系统的学习，又能从更广义的教与学理论中进行系统的学习。也就是说，如果不了解文化、没有足够的阅历、不进行课前准备，以及不知晓环境如何影响人的成长、学习和发展，教师就很难做出正确的判断，并根据具体情况做出合理的决策。

同时，师生关系的测量方法和维度有很多，并没有形成一个统一的标准。例如，有些研究测量教师对学生的态度、教师对学生的回应等。测量方向有的强调课堂内部的教学过程，有的则侧重于课堂外部的综合情况。现有研究主要采用调查法和访谈法。调查法是对教师与学生的相关行为进行实地调查，在研究方向上也有两种划分：一是从师生关系的积极行为方面进行研究，比如教师支持、教师关怀、正面鼓励等行为；二是从师生关系的消极行为方面进行研究，比如教师惩罚、教师疏离等行为。访谈法主要是针对现有的教学问题进行访谈，挖掘其背后的个体原因，并尝试探索合适的解决路径。

三　随机干预实验设计

在对拟研究的样本进行随机干预之前，我们进行了控制变量特征的预平衡检验（见表5-1）。

表5-1　师生关系量表平均分比较（基线及评估期控制组）

单位：分

问题序号	变量说明（1=非常不同意，5=非常同意）	2012年平均分	2014年平均分
1	我觉得老师喜欢我	3.414	3.305
2	学校里的大部分老师对我很友好	3.538	3.592
3	这里的老师都很尊重我	3.541	3.568
4	我在老师的帮助下成绩越来越好	3.812	3.627
5	老师经常鼓励我	3.736	3.573
6	我有困难的时候，老师会看出来	3.421	3.224
7	老师会帮我解决我的困难	3.629	3.411

问题序号	变量说明 （1＝非常不同意，5＝非常同意）	2012 年平均分	2014 年平均分
8	在课后，我跟老师也会讨论学习内容或是生活上的事情	3.093	2.951
9	老师可以理解我的感受	3.193	2.933
10	老师会询问我是否理解他/她在课堂上讲的内容	3.723	3.675
11	在课堂上，老师给我们每个人公平地回答问题的机会	3.904	2.186
12	只要我做得好，老师就会表扬我	3.679	3.581
13	老师认为我是一个好孩子	3.506	3.446
14	我觉得老师关心我的学习或生活	3.562	3.419
15	老师经常给我发奖状或奖品	2.762	2.747
16	老师跟我谈过我学习或生活上的事情	3.287	3.289

预平衡检验的目的是将控制组与干预组之间的差异降到最低，也是为了验证研究设计的可行性，从而使研究结果更加公平、可信，同时避免干预课程本身可能带来的溢出效应。

四 干预的具体内容

随机干预课程的内容参考并借鉴了国内外已有的心理健康成长及生活技能学习方面的课程材料。随机干预课程内容主要包含如何建立和维护校园内的同伴关系和师生关系。例如，学生怎样建立良好的同伴关系、怎样正确处理同伴之间的矛盾、怎样与教师沟通、怎样发现自己的长处、怎样正确缓解学习焦虑、怎样正确缓解心理压力等。

干预的具体实施方式是学生在学校每周上一节有关如何处理同伴关系、师生关系的心理干预课程，并参与课程配套的活动设计。

一部分课程干预的目的体现在课程对应的活动上，课程活动是将干预课程的理论内容具体化、实践化，将理论方法应用在学生生活的具体情境中，通过多元化的互动形式拉近同伴关系和师生关系，使学生在学校内有归属感，从而在同伴交往和师生交往中更有自信心。

干预课程是由 4 位具有教育学、心理学学术背景的专家共同商讨、研判、开发完成的。在这一过程中，课程借鉴了国内外多种与学生心理健康成长相关的课程材料，并且根据我国农村地区学生所处的现实环境，进行了具有针对性的调整。在实际开展项目之前，在 4 所非样本农村初中使用课程初稿进行了为期一年的课程干预预实验，在充分参考了预实验的学校师生反馈的内容后，专家团队又对干预材料进行了进一步的完善，形成了最后的教材。

五　抽样方法

样本市位于西北某省，2012 年该地区人均收入为 7681 元，比全国农村地区的人均收入水平低 3% 左右。从多方面考察得知，样本市农村地区具备代表中国西部农村地区的相关条件。

项目组于 2012 年 9 月及 2014 年 6 月对样本市的 8 个样本县 75 所农村初级中学进行了问卷调查，并进行了心理健康测试和标准化数学考试。

调查样本采用分层随机抽样的方式产生，对样本市的 12 个县根据人均收入水平进行从高到低的排序，并根据赋值为每个县计算贫困系数。然后，将贫困系数最高的 8 个县作为样本县。8 个样本县的教育部门提供了 170 所初中样本学校，在此基于以下两个标准选取最合适的样本学校。第一个标准：剔除位于县城的学校。树立这个标准的原因是项目所关注的主要是农村地区的学校情况，位于县城的学校主要生源是城镇的学生。第二个标准：剔除人数少于100人的学校。树立这个标准的原因是项目计划持续追踪学生的情况，人数少于100人的学校容易受到教育部实施的"撤点并校"政策的影响，未来有可能面临撤销或者合并于其他学校的情况。在以上两个标准的基础上，最终得到75所样本学校，共8767名样本学生。

六　数据收集

数据收集主要分为两个阶段：第一个阶段是基线调研，于2012年9月进行；第二个阶段是终期评估调研，于2014年6月进行。这两次调研都收集了75所样本学校的数据。每一阶段的调研都主要由三个部分构成。

第一个部分的重点是收集学生个人信息、家庭成员信息等，包含学生的性别、年龄、年级、寄宿情况、家庭结构、父母受教育程度、留守状态等内容。

第二个部分的重点是收集学生社会资本的相关信息，如学生的同伴关系情况、师生关系情况等内容。

第三个部分是时间约为30分钟的标准化数学测试。测试试卷共25道题，题型分为单项选择题和填空题。题目是由多名专家根据国家课程标准设计，测试的操作都由项目组经过统一培训的调研员进行标准化作业。与此同时，为了避免数学测试过程中学生作弊或者其他因素干扰，专家团队设计了A卷和B卷两种数学试卷。在测试试卷发放的过程中，保证每一名样本学生拿到的数学测试试卷都与邻座的同学的试卷不同，从而获得较为真实的数学成绩。最后，在处理学生的数学成绩的时候，将每个学生测试的得分进行了标准化。在这里，标准化的处理方式是用个体学生的原始数学成绩减去所有学生测试得到的数学成绩平均值，用这个差除以标准差，所得的分数即为学生数学成绩的标准化成绩。

随机干预实验流程见图 5-1。

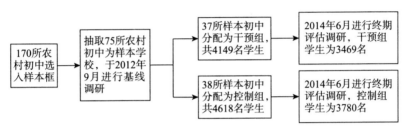

图 5-1　随机干预实验流程

七　干预方案

如图 5-1 所示，通过 2012 年的基线调研检验后，随机对样本学校进行了干预分配，每一所样本学校都被随机分配到干预组或控制组。在进行干预期间，样本地区的教育局通力配合，向样本学校发出了项目的说明函及培训通知，在学校开展由校长及负责教师主导的培训。培训过程中，专家团队从初中生心理发展轨迹、中学生情绪疏导与管理等角度进行理论、实证方面的讲解，然后引导参训教师详细学习干预课程的教学大纲，熟悉每一个章节的具体课程目标、课程内容、活动执行方案和预期效果。最后，对每一个章节单元进行示范课的演示。课程结束后，由参训教师以小组形式进行相应的模拟授课演示，经过专家团队细心点评和修正，进行合理的调整。

在课程干预期间，项目组每个月都会对样本学校的课程实施状态进行回访，同时建立多触点的联系平台，随时接受教师的反馈，对相关问题进行及时的解答。

八 实证研究方法

本书研究所有的分析均利用软件 Stata 14.0。p 值即检验统计值低于 0.1 被认为是具有统计学显著性的。为了更好地理解学生的学业成绩和校内社会资本的关系，本书根据具体情况进行了不同的模型设计。

（一）同伴关系

在检验同伴关系和学生学业成绩的相关性时，本书采用的是普通最小二乘法（OLS），回归分析中包含一组由学生的个体特征组成的控制变量，具体模型如下。

模型一：$Y_{ij} = \alpha + \beta Push_i + \gamma X_i + \mu_j + \varepsilon_i$

模型二：$Y_{ij} = \alpha + \beta Pull_i + \gamma X_i + \mu_j + \varepsilon_i$

在这两个模型中，因变量 Y_{ij} 代表的是 j 学校学生 i 的标准化数学成绩。

模型一中的 $Push_i$ 代表的是学生 i 校内同伴关系的推力因素，其中包含的变量有："是否被同学认为是好友"（如果在调查问卷中，该同学被校内同学引为自己的朋友，则记为 1；如果该同学未被校内同学引为自己的朋友，则记为 0）；"这学期是否和同学发生过争吵"（如果该同学的回答是肯定的，则记为 1；如果是否定的，则记为 0）；"这学期是否和同学打过架"（如果该同学的回答是肯定的，则记为 1；如果是否定的，则记为 0）。

模型二中的 $Pull_i$ 代表的是学生 i 校外同伴关系的拉力因素，其中包含的变量有："是否有辍学的同伴"（如果该同学的回答是肯定的，则记为 1；如果是否定的，则记为 0）；"是否与辍学同伴经常联系"（如果该同学的回答是肯定的，则记为 1；如果是否定的，则记为 0）；"是否曾被辍学校外同伴引诱外出打工"（如果该同学的回答是肯定的，则记为 1；如果是否定的，则记为 0）。

这两个模型中都有的向量 X_i 包含学生 i 的个人特征和家庭特征。具体说来，学生 i 的个人特征包括：性别（男生记为 1，女生则记为 0）；年级（如果学生是 8 年级，则记为 1；如果学生是 7 年级，则记为 0）；年龄（大于或等于 14 岁记为 1，小于 14 岁则记为 0）；寄宿情况（如果该学生为住校生记为 1，如果不住校则记为 0）；是否为独生子女（如果该学生是独生子女，记为 1；如果该学生拥有兄弟姐妹，则记为 0）。学生 i 的家庭特征包括：是否接受贫困补助（如果该学生的家庭正在接受贫困补助，则记为 1；如果该学生的家庭没有接受贫困补助，则记为 0）；父亲是否初中毕业（如果该学生的父亲接受过初中及以上的教育，则记为 1；如果该学生的父亲没有接受过初中及以上的教育，则记为 0）；母亲是否初中毕业（如果该学生的母亲接受过初中及以上的教育，则记为 1；如果该学生的母亲没有接受过初中及以上的教育，则记为 0）；是否留守（如果学生的父亲/母亲不住在家里，则记为 1；如果学生的父母住在家里，则记为 0）。

为了进一步增强模型的有效性，在两个模型中均加入了学校层面的固定效应，由 μ_j 代表。此外，ε_i 在两个模型中表示随机误差项。

（二）师生关系

在检验师生关系和学生学业成绩的相关性时，本书采用的是普通最小二乘法（OLS），回归分析中包含一组由学生的个体特征组成的控制变量，具体模型如下。

模型三：$Y_{ij}=\alpha+\beta TSR_{ij}+\gamma X_i+\mu_j+\varepsilon_i$

模型四：$Y_{ij}=\alpha+\beta \Delta TSR_{ij}+\gamma X_i+\mu_j+\varepsilon_i$

模型五：$Y_{ij}=\alpha+\beta \Delta TSR_{ij}+\delta \Delta TSR_{ij}\times X_i+\gamma X_i+\mu_j+\varepsilon_i$

在模型三、模型四和模型五中，因变量 Y_{ij} 代表的是 j 学校学生 i 的标准化数学成绩。TSR_{ij} 代表的是 j 学校学生 i 的师生关系分数。其中，测量师生关系的题目共有 16 道，学生被要求根据自己的真实想法做出选择，1 代表非常不同意，5 代表非常同意，共 5 个选项。

师生关系问卷的内容主要包含以下三个方面：教师态度、教学支持、教师回应。教师态度问题包含"我觉得老师喜欢我""学校里的大部分老师对我很友好""这里的老师都很尊重我"等；教学支持问题包括"我在老师的帮助下成绩越来越好""在课堂上，老师给我们每个人公平地回答问题的机会""老师会询问我是否理解他/她在课堂上讲的内容"等；教师回应问题包含"只要我做得好，老师就会表扬我""老师经常给我发奖状或奖品""老师可以理解我的感受"等。

模型四中的 ΔTSR_{ij} 代表的是学生 i 在 j 学校从 2012 年到 2014 年的师生关系变化。

模型五分析师生关系变化与学生个人特征的交互作用。

这三个模型中都有的向量 X_i 包含学生 i 的个人特征和家庭特征。具体如模型一与模型二。

为了进一步增强模型的有效性，在三个模型中均加入了学校层面的固定效应，由 μ_j 代表。此外，ε_i 在三个模型中表示随机误差项。

第六章 社会资本对学生学业表现影响的实证分析

一 同伴关系对学生学业表现的影响

（一）同伴关系的重要性

同伴是指非正式的首属群体或初级群体，主要是指在同年龄层次上，地位大体相似的人组成的关系亲密的群体，其成员的一半是在有共同经历、共同情感、共同爱好、共同观点或心理的基础上集聚（陆建华，1989）。同伴关系是指年龄相仿的人之间的相互协作的关系，也可以指同龄人或心理发展水平相当的个体在交往过程中建立和发展起来的一种人际关系（刘少英，2009）。

同伴关系作为人际关系中最重要的因素之一，对个体的影响是深远的。它能够满足人与人之间最基本的情感沟通和交流的需求，包括倾诉内心忧伤、分享快乐感受、寻求结伴等需求（罗翠翠，2016）。

不同于儿童时期简单的同伴关系，青少年时期的同伴关系是个体社会化过程中最重要的成长载体。随着生理发育的成熟、认知能力的提升，青少年同伴关系更加复杂而富有变化，也会有更多异性同伴间的互动经历（张茜，2003）。青少年的友谊也会被赋予强烈的情感联结，因此可能会增强朋友间相互模仿的动机（杨光艳、张哲华，2006）。

同伴关系在青少年适应学校生活和社会过程中起着非常重要的作用。良好的同伴关系对青少年学业的顺利完成、自信心的建立、自尊心的培育、社会交往能力的塑造、人格的健全发展以及社会价值的获得都具有积极的作用。在同伴关系的影响下，个体的角色定位会为其以后走入社会扮演的社会角色奠定坚实的基础（罗翠翠，2016；杨海波，2008）。不良的同伴关系有可能导致学生学校适应困难，严重的情况下会对成人以后的社会适应造成消极的影响（周静，2003）。

国外有许多实证研究证明了同伴关系对学生的重要性。Herres和 Kobak（2015）的研究表明，与师生关系和家庭关系相比，同伴关系的波动更可能会诱发个体的抑郁症状。学生与同班同学的不良同伴关系对学生继续上学与否有着显著的影响。特别是，来自同龄人或同班同学的排斥与辍学动机显著相关。Ream 和 Rumberger（2008）使用一个国家的纵向数据库数据来证明同伴网络的行为和社交是重要的，"以学校为导向"的青少年同时存在"街头导向"。研究还发现，"以学校为导向"的友谊网有可能降低辍学率。Lee 和 Lam（2016）在一项研究中发现，同伴情境的显著性是学生教育体验的重要组成部分，学生的校园同伴关系也会影响学生的学习效果。

国内的实证研究也证明了同伴关系的重要性。陈咏媛（2006）对武汉市 173 名中学生进行研究后发现，学生们的同伴关系是幸福感有效的正向预测指标，即社交情况越好，友谊的质量越高，学生的幸福感水平越高。杨钋和朱琼（2013）在对北京三所中学进行的实证研究中指出，学生的学习成绩与班级同伴规模呈显著正相关，也就是说，成绩好的学生更倾向于报告积极的同伴关系。安秋玲（2008）对上海两所中学的实证研究表明，初中生普遍具有群体归属感的需要，个体认为被同伴喜欢并能够感受到来自同伴的支持是自我价值的重要组成部分。Chen 等（2010）对上海四所学校的 3 年级、6 年级和 10 年级的 730 名学生的实证研究发现，同伴关系在学业表现上体现出了程度较高的同质性，即同伴关系受到校内同伴的影响较大，同伴关系能提供一种群体性的社会示范，这种示范作用会影响学生对学业的认知，从而影响学生的学习成绩。

总体来看，同伴关系中既有激励、制约，又有示范、规劝、引导、安抚等效应，对初中生获得健康的情感、保持良好的社会行为以及纠正不良行为具有重要作用，这同时也是青少年社会化过程中的一种自助与互教的途径。

（二）同伴关系研究方法

根据同伴关系的理论研究，我们对同伴关系从校内、校外两方面共六个维度进行定义。校内同伴关系，也可理解为同伴关系的"推力"，通过"是否被同学认为是好友""这学期是否和同学发生过争吵""这学期是否和同学打过架"三个变量进行研究；校外同伴关系，也可理解为同伴关系的"拉力"，通过"是否有辍学的同伴""是否与辍学同伴经常联系""是否曾被辍学校外同伴引诱外出打工"三个变量进行研究。

本章研究主要集中于西部农村地区初中生同伴关系和师生关系与学业成绩的相关性，在下一章报告心理课程干预后的学业成绩、同伴关系和师生关系情况。

（三）同伴关系变量描述

同伴关系变量描述见表6-1。

表6-1　同伴关系变量描述（基线控制组 $N = 4618$）

变量序号	变量说明	均值	标准差	最小值	最大值
	校内同伴关系				
1	是否被同学认为是好友（1=是）	0.778	0.415	0	1
2	这学期是否和同学发生过争吵（1=是）	0.672	0.469	0	1
3	这学期是否和同学打过架（1=是）	0.211	0.408	0	1
	校外同伴关系				
4	是否有辍学的同伴（1=是）	0.611	0.487	0	1
5	是否与辍学同伴经常联系（1=是）	0.166	0.372	0	1
6	是否曾被辍学校外同伴引诱外出打工（1=是）	0.738	0.261	0	1

（四）校内同伴关系与数学成绩相关性

如表6-2所示，校内同伴关系的测量变量中的第一个变量"是否被同学认为是好友"，不同的结果对应了不同的标准化数学成绩。在基线研究中，被同学引为好友的学生，标准化数学成绩是0.049，没有被同学引为好友的学生，标准化数学成绩是-0.155，差距是-0.205，差异具有统计学意义。这也说明，在班级中人缘好的学生成绩也相对更好一点，成绩好的学生在人缘上也更好一些。"人缘"与"学习好"具有一定的正相关性。但是，校内同伴关系的第二个变量"这学期是否和同学发生过争吵"，不同的结果对应的标准化数学成绩变化并不显著。第三个变量"这学期是否和同学打过架"，不同的结果对应的标准化数学成绩差是显著的，即和同学打过架的群体，标准化数学成绩是-0.091，没有和同学打过架的群体，标准化数学成绩是0.030，差值达到0.121，在统计学意义上是显著的。这就是说，和同学打过架的学生，标准化数学成绩明显低于均值。

表6-2　校内同伴关系与数学成绩相关性（基线控制组 $N=4618$）

变量	Panel A：是否被同学认为是好友		
	是 （1）	否 （2）	差值 （2）-（1）
标准化数学成绩	0.049 （0.016）	-0.155 （0.032）	-0.205*** （0.035）
样本量	3598	1020	

变量	Panel B：这学期是否和同学发生过争吵		
	是 （1）	否 （2）	差值 （2）-（1）
标准化数学成绩	-0.011 （0.017）	0.036 （0.025）	0.047 （0.031）
样本量	3104	1514	

变量	Panel C：这学期是否和同学打过架		
	是 （1）	否 （2）	差值 （2）-（1）
标准化数学成绩	-0.091 （0.032）	0.030 （0.016）	0.121*** （0.035）
样本量	976	3642	

注：*** 表示显著性水平为1%。

黄星月（2017）对农村初中生班级同伴关系的研究表明，农村初中生个体同伴点入度最多为25个，点出度最多为8个，说明自我感觉朋友多的学生较多。而对于什么样的学生在校园内更受欢迎，一项研究采用积极提名法对25%最受欢迎与25%最不受欢迎的青少年（6 年级、9 年级、12 年级）的 19 项行为做出对比后发现，"友好""主动发起活动""幽默""快乐""热情"这些特征与"受同伴欢迎"具有显著的正相关性。低接纳度的青少年则被描述为"具有破坏性""欺骗""过于敏感""无吸引力""践踏群体规范"等。研究还指出，"合作性"是区分女生在群体中被接纳与否的主要因素，"攻击性"是区分男生在群体中被接纳与否的主要因素（Furrer，2014）。学生们倾向于与有相同经历的同伴建立起支持性的同伴关系；拥有相似的目标和价值观更容易建立起个体情感支持关系（Skovdal and Ogutu，2012；Werner and Smith，1982；李淑湘等，1997）。

这部分的研究结论可以说明：学生与校内同伴的相处情况与学生的数学学习成绩有显著的正相关性。值得注意的是，与同学打过架的学生，数学成绩明显低于班级数学成绩的均值。

（五）校外同伴关系与数学成绩相关性

如表 6-3 所示，在考察校外同伴关系情况的第一个变量"是否有辍学的同伴"的测量中，选择"是"的同学，标准化数学成绩是 -0.021，选择"否"的同学，标准化数学成绩是 0.044，两组学生的标准化数学成绩差是 0.064，在 5% 的水平下显著；在考察校外同伴关系情况的第二个变量"是否与辍学同伴经常联系"的测量中，选择"是"的同学，标准化数学成绩是 -0.099，选择"否"的同学，标准化数学成绩是 0.025，两组学生的标准化数学成绩差是 0.124，在 1% 的水平下显著；在考察校外同伴关系情况的第三个变量"是否曾被辍学校外同伴引诱外出打工"的测量中，选择"是"的同学，标准化数学成绩是 -0.125，选择"否"的同学，标准化数学成绩是 0.014，两组学生的标准化数学成绩差是 0.140，在 5% 的水平下显著。总体来看，校外同伴关系的三个变量均与数学成绩有显著的相关性，即与校外同伴关系越密切，数学成绩越低。

表6-3　校外同伴关系与数学成绩相关性（基线控制组 $N=4618$）

变量	Panel A：是否有辍学的同伴		
	是 （1）	否 （2）	差值 （2）-（1）
标准化数学成绩	-0.021 （0.018）	0.044 （0.023）	0.064** （0.015）
样本量	2825	1793	

变量	Panel B：是否与辍学同伴经常联系		
	是 （1）	否 （2）	差值 （2）-（1）
标准化数学成绩	-0.099 （0.036）	0.025 （0.016）	0.124*** （0.015）
样本量	766	3852	

变量	Panel C：是否曾被辍学校外同伴引诱外出打工		
	是 （1）	否 （2）	差值 （2）-（1）
标准化数学成绩	-0.125 （0.054）	0.014 （0.015）	0.140** （0.055）
样本量	341	4277	

注：**、***分别表示显著性水平为5%、1%。

　　国内外曾有许多研究指出，社会化的群体中，同一群体的成员在许多习惯上保持高度一致性，例如花费在作业上的时间、学校活动的参与度、吸烟、喝酒、约会等。社会化的过程是经过长时间的相互交往，彼此形成类似的态度、特征或者行为，而加强这一过程的机制是学生们往往倾向于选择与自己有着相似态度或者特征的人做自己的朋友（刘俊升，2006）。因此，遏制校外同伴的影响和负面诱导同样重要。

（六）校内同伴关系对数学成绩的影响

根据普通最小二乘回归分析结果（见表6-4），学生的校内同伴关系与数学成绩在统计学意义上有显著的相关性。在其他条件不变的情况下，"是否被同学认为是好友"和标准化数学成绩在1%的显著性水平下有正向的相关关系；"这学期是否和同学发生过争吵"和标准化数学成绩在5%的显著性水平下有负向的相关关系；"这学期是否和同学打过架"和标准化数学成绩在1%的显著性水平下有负向的相关关系。

表6-4　校内同伴关系对数学成绩的影响（基线控制组 $N=4618$ ）

变量	因变量：标准化数学成绩		
	（1）	（2）	（3）
是否被同学认为是好友（1＝是）	0.21*** （5.89）		
这学期是否和同学发生过争吵（1＝是）		-0.06** （-2.16）	
这学期是否和同学打过架（1＝是）			-0.14*** （-3.49）
常数项	1.19*** （5.15）	1.46*** （6.21）	1.42*** （6.07）
是否控制基线特征	是	是	是
样本量	4618	4618	4618
R^2	0.062	0.055	0.058

注：**、***分别表示显著性水平为5%、1%。

具体来看，"被同学认为是好友"的可能性每增加1%，学生的标准化数学成绩会随之提高0.21%；"这学期和同学发生过争吵"

的可能性每增加 1%，则学生的标准化数学成绩会下降 0.06%；"这学期和同学打过架"的可能性每增加 1%，则学生的标准化数学成绩会下降 0.14%。

综上所述，学生的校内同伴关系与数学成绩存在显著的相关性，即学生的校内同伴关系得分越高，则学业表现越好；校内同伴关系得分越低，则学业表现越差。这是因为，对于初中生来说，建立良好的同伴关系可以使其学会心理调适，更快适应校园生活。研究发现，同伴关系较为和谐的青少年，一般在自尊心、体谅他人等方面表现较好，孤独感也比较少；他们在同学中更受欢迎，同时也更能接纳新的朋友，拥有与社会要求相一致的为人处世的方法。这些情商高的学生，往往在学习成绩上的表现也比较突出（周静，2003）。除此之外，李淑湘等（1997）通过对北京市的幼儿园到中学的共 100 名学生进行结构访谈后，发现 6~15 岁学生对友谊特性的认知由 5 个维度组成，按照重要性排序为：共同活动和互相帮助、个人交流和冲突解决、榜样和竞争、互相欣赏、亲密交往。Berndt 和 Ladd（1989）在关于同伴关系与学业成绩的研究中指出，同伴关系不仅会影响学生的行为，也会影响学生对待学校和学习的态度。其中的作用机制是，学生往往会在课后与自己的朋友分享自己的学习感受，在讨论后，不同的学习态度和想法会汇集在一起。在通过仅三分钟的讨论后，同伴就有能力改变其他人对学业的想法，如利用业余时间完成作业的重要性。

与此研究结果相一致的国内外实证研究中，杨海波（2008）对漳州市某实验小学 2~6 年级的 295 名学生的同伴关系和学业成绩相关性的研究表明，同伴关系对小学生的学业成绩具有一定的影响，在班级中越受欢迎，学生的学习成绩越好，越受排斥，学生的学习成绩越差。而且，高年级的同伴关系影响比低年级的大。Carman 和 Zhang（2012）对中国北部某省会城市的 7~9 年级的 923 名学生的校园同伴关系与三门主要科目学业成绩相关性的实证研究表明：同伴关系与数学成绩有显著的正相关关系，同伴关系与语文成绩有统计学上不显著的正相关关系，同伴关系与英语成绩没有相关关系。

但是，也有与此研究结果不一致的研究。Auestad（2018）基于挪威 5 年级 87353 名学生的数据的研究表明，成绩较差的学生并没有影响他们的同伴，并且在不同的科目、性别、背景、成绩分布中都没有区别。这样的结论差异可能是不同的国情、教育体制和社会文化造成的。

随着研究的推进，我们关注的另一个问题是：什么样的学生更容易受到同伴的影响？Balsa 等（2018）的研究表明，同伴的影响具有异质性：男生、受欢迎的学生和成绩较好的学生，更容易受到同伴学业能力的影响。Kindermann 和 Vollet（2014）的研究发现，对于父母关注度较低的孩子而言，他们受到的来自同伴的影响会更大。

（七）校外同伴关系对数学成绩的影响

根据普通最小二乘回归分析结果（见表 6-5），校外同伴关系与数学成绩在统计学意义上有显著的相关性。在其他条件不变的情况下，"是否有辍学的同伴"和标准化数学成绩在 10% 的显著性水平下有负向的相关关系；"是否与辍学同伴经常联系"和标准化数学成绩在 5% 的显著性水平下有负向的相关关系；"是否曾被辍学校外同伴引诱外出打工"和标准化数学成绩在 5% 的显著性水平下有负向的相关关系。

表 6-5　校外同伴关系对数学成绩的影响（基线控制组 $N = 4618$）

变量	因变量：标准化数学成绩		
	（1）	（2）	（3）
是否有辍学的同伴（1 = 是）	-0.08* (-1.99)		
是否与辍学同伴经常联系（1 = 是）		-0.10** (-2.43)	
是否曾被辍学校外同伴引诱外出打工（1 = 是）			-0.15** (-2.70)
常数项	1.39*** (5.91)	1.38*** (5.87)	1.37*** (5.75)
是否控制基线特征	是	是	是
样本量	4618	4618	4618
R^2	0.055	0.056	0.056

注：*、**、***分别表示显著性水平为 10%、5%、1%。

　　具体来看，学生有辍学同伴的可能性每增加 1%，则标准化数学成绩下降 0.08%；与辍学同伴经常联系的可能性每增加 1%，则标准化数学成绩下降 0.10%；曾被辍学校外同伴引诱外出打工的可能性每增加 1%，则标准化数学成绩下降 0.15%。王渊博（2014）指出初中阶段学生的自我意识和参照标准大多源自自己的同伴、朋友的爱好。当一个学生很难在学校找到自我归属感，而他的朋友也正好从价值观上动摇了其上学的信念时，两个人就很可能一起选择辍学。

　　综上所述，校外同伴的影响对个体而言是比较显著的，尤其是辍学在外打工的同伴的影响较大。这部分人群可能会对农村中学生的机会成本观念产生冲击，让在校读书的学生产生"读书无用、挣钱有用"的想法，并使一部分学生感受到出去打工的经济益处，忽略在校学习所带来的知识及能力提升，因此会对部分学生的校园学习动机产生一定负面影响。

（八）校内同伴关系（校园推力）与校外同伴关系（社会拉力）

将所有校内同伴关系变量的方向统一后，用校园推力来代替校内同伴关系变量的集合，即校园推力越强，学生受到的不理想的同伴关系因素的影响越大；相反，校园推力越弱，则学生受到的不理想的同伴关系的影响越小。

数据分析结果说明，在基线调研中，74.79%的学生受到至少一种校园推力的影响，只有25.21%的学生没有受到任何校园推力的影响（见表6-6）。同时，通过对比可以清楚地发现，未受到校园推力影响的学生的标准化数学成绩为0.069，受到校园推力影响的学生的标准化数学成绩为-0.017，即校内同伴关系较为理想的学生的数学成绩比校内同伴关系不理想的学生的数学成绩高出0.086个标准差。

表6-6　受到和未受到校园推力影响的学生的数学成绩比较
（基线控制组 $N=4618$）

指标	受到校园推力影响的学生	未受到校园推力影响的学生
标准化数学成绩	-0.017	0.069
样本量	3454	1164
比例	74.79%	25.21%

Kupersmidt 和 Coie（1990）的研究能够解释此结果，其提出被同伴排斥和缺乏校园朋友会加剧学生由成绩起伏带来的沮丧感，也因此会增加学生在毕业前放弃学业的风险。

　　将所有的校外同伴关系变量的方向统一后，用社会拉力来定义校外同伴关系变量的集合，即社会拉力越强，学生受到的校外同伴关系的不良影响越大；相反，社会拉力越弱，学生受到的校外同伴关系的不良影响越小。

　　数据分析结果说明，在基线调研中，61.17%的学生受到至少一种社会拉力的影响，同时，38.83%的学生未受到任何形式的社会拉力的影响（见表6-7）。通过对比也可以看出，受到社会拉力影响的学生的标准化数学成绩是-0.020，未受到社会拉力影响的学生的标准化数学成绩为0.043，即未受到不良校外同伴关系影响的学生的数学成绩比受到不良校外同伴关系影响的学生的数学成绩高出0.063个标准差。

表6-7　受到和未受到社会拉力影响的学生的数学成绩比较
（基线控制组 $N=4618$）

变量	受到社会拉力影响的学生	未受到社会拉力影响的学生
标准化数学成绩	-0.020	0.043
样本量	2825	1793
比例	61.17%	38.83%

　　与此结论相统一的国内外研究有以下几个。Vitaro 等（2001）关于学生负面社交体验和辍学的研究表明，缺乏校内友谊会加剧学生的校园疏离感。"接触校外辍学同伴"与"毕业前辍学"之间存在显著但强度适中的关联。Cairns 等（1989）的研究表明，7年级的学生最容易受到辍学同伴的影响而选择辍学。王艳丽和张改清（2017）的研究基于社会影响理论，提出同伴因素是影响农村中学学生辍学的社会拉力因素之一。在农村地区，同村的年龄较为接近

的青少年大多从小一起玩耍、一起长大，上学时也大多在同一所学校，这使得他们之间的关系很紧密，相互间的影响也很大。而且，在农村地区一些辍学的孩子会很早开始打工，这使得他们在经济上有一定的自主权，花钱也更加自由大方。他们的炫耀会诱导在校农村学生产生辍学打工的想法。除此之外，社会拉力还与校外打工可能性及收入水平、父母教育观念、社会风气导向等因素相关。

带着"校园推力与社会拉力，哪一个对学习成绩的影响更大"的疑问，我们将研究的目标聚焦在数学成绩最差组别的学生。通过将他们的数学成绩与所受到的校园推力和社会拉力进行关联性比较分析后，发现数学成绩最差的学生群体中，48.85%的学生既受到社会拉力也受到校园推力的影响；27.54%的学生只受到校园推力的影响；13.73%的学生只受到社会拉力的影响；既没有受到校园推力也没有受到社会拉力影响的学生只有9.87%（见图6-1）。

	校园推力	
	是	否
社会拉力　是	658 48.85%	185 13.73%
社会拉力　否	371 27.54%	133 9.87%

图6-1　校园推力与社会拉力对学习成绩的影响

注：样本为数学成绩最差组别的学生（$N=1347$）。

校园推力，更多情况下体现了农村学生接受教育的被动性。农村学校主流文化对该场域内的学生有一种向外的隐形推力，迫使学生逃离校园教育。即便不离开学校，学生在学校里也有"隐性辍学"的情况存在（刘焕然，2014）。隐性辍学的状态是指农村学生在上课时游离于课堂当中，在课堂上大声讲话、放肆打闹、制造声响，以折纸、睡觉、涂鸦的方式来打发上课时间。在这种状态中，学生很少参与课堂互动，课堂生活成为老师一个人的表演。上课时间，学生没有出现在课堂之上，他们寻找和抓住所有的机会逃离课堂。农村学生的隐性辍学问题是农村教育整体存在的一种异化现象。

同时，我们看到校园内不良的同伴关系会对青少年的发展产生消极影响。同辈群体的拒绝、忽视以及友谊观的不良发展会对青少年的自我意识、自我价值、情绪情感、行为方式产生不良影响，使其出现社会适应不佳的情况（杨欢，2018）。近年来，我国农村地区中学生的校园问题也引起了各级政府和全社会的关注和重视。1999 年 8 月，教育部发布《关于加强中小学心理健康教育的若干意见》，提出应根据中小学生生理、心理发展特点，运用有关心理教育方法和手段，培养学生良好的心理素质。

社会拉力，更多情况下体现了农村学生在行动上的主动性。近年来，"读书无用论"主要出现在偏远农村地区。具体体现为部分农村学生认为只有学习成绩好，读书才是有用的，学习时过于追求效率和实用（刘焕然，2014）。基于社会影响理论，王艳丽和张改清（2017）的研究分析了三种不同类型的"社会拉力"是怎样对农村初中生辍学行为产生影响的。结果发现，同伴因素和社会因素是造成学生实际辍学行为的自发性因素。他们通过认同和内化机制先改变农村初中生对待辍学的态度，继而影响他们实际的辍学行为，结果往往是学生表现出自愿辍学的态度。同时，闫文斌等（2016）运用倾向得分匹配方法分析 4840 名农村初中生的数据，发现经常与辍学同伴联系是非经济因素中对农村初中生辍学影响最大的因素，将农村初中生的辍学概率提高了 7.8%。

（九）小结

本节的研究重点探讨了校内同伴关系和校外同伴关系与数学学习成绩之间的关联，主要结论如下。

农村初中生的校内同伴关系与数学成绩在统计学意义上有显著的相关性。"被同学认为是好友"的可能性每增加 1%，学生的标准化数学成绩会随之提高 0.21%；"这学期和同学发生过争吵"的可能性每增加 1%，则学生的标准化数学成绩会下降 0.06%；"这学期和同学打过架"的可能性每增加 1%，则学生的标准化数学成绩会下降 0.14%。

农村初中生的校外同伴关系与数学成绩在统计学意义上有显著的相关性。学生有辍学同伴的可能性每增加 1%，则标准化数学成绩下降 0.08%；与辍学同伴经常联系的可能性每增加 1%，则标准化数学成绩下降 0.10%；曾被辍学校外同伴引诱外出打工的可能性每增加 1%，则标准化数学成绩下降 0.15%。总体来看，校外同伴关系的三个变量均与数学成绩有显著的相关性，即与校外同伴关系越密切，数学成绩越低。

将所有校内同伴关系与校外同伴关系变量的方向统一后，用校园推力来代替校内同伴关系变量的集合，用社会拉力来定义校外同伴关系变量的集合。数据分析结果说明，在基线调研中，61.17% 的学生受到至少一种社会拉力的影响，同时，38.83% 的学生未受到任何形式的社会拉力的影响。通过对比也可以看出，受到社会拉力影响的学生的标准化数学成绩是−0.020，未受到社会拉力影响的学生的标准化数学成绩为0.043，即未受到不良校外同伴关系影响的学生的数学成绩比受到不良校外同伴关系影响的学生的数学成绩高出0.063个标准差。

通过将他们的数学成绩与所受到的校园推力和社会拉力进行关联性比较分析后，发现数学成绩最差组别的学生群体中，48.85%的学生既受到社会拉力也受到校园推力的影响；27.54%的学生只受到校园推力的影响；13.73%的学生只受到社会拉力的影响；既没有受到校园推力也没有受到社会拉力影响的学生只有9.87%。

二　师生关系对学生学业表现的影响

（一）师生关系的重要性

师生关系不仅是人与人的关系在教育领域中的体现，还是一种集教学、管理和人际交往于一体的较为特殊的关系模式。良好的师生关系可以提升教育行为的效果，使师生双方均有愉悦的情感体验。相反，不良的师生关系可能会使老师和学生之间产生冲突、疏离、猜疑和矛盾。不可否认的是，师生关系是一种双向的人际交往状态，既发生在一对一的日常互动中，也发生在课堂情境中。可以说，与教育相伴而生的师生关系，既简单又复杂，既古老又现实。从理论的角度来说，广义上，师生关系是指在校园内学生与教师之间的互动关系。具体来看，师生关系是指学校中学生在其与教师互动过程中建立的认知、情感行为等方面的关系，是个体社会化的重要内容（范燕平、韩琴，2016）。狭义上讲，师生关系的特殊性体现在共同参与并且完成学校各种教育教学方面的活动，由此构成教育学属性下的人际关系，是教育学的重要内容（曲鸿雁，2011）。

教师的知识水平、职业态度、教学热情等都会直接或者间接地对学生的行为产生影响。"以身作则，言传身教"说明了教师职业的特殊性，不仅体现在教师在口头上给学生们传授知识，还体现在教师行动上的一点一滴会对学生产生潜移默化的影响，甚至在无意识间塑造学生的性格。Miller-Lewis 等（2014）对 460 名澳大利亚儿童的实证研究表明，拥有稳定的高质量师生关系的学生，心理健康问题发生率低，心理问题少。也就是说，师生关系对于学生的成长非常重要。Hamre 和 Pianta（2001）跟踪调查了美国的 179 名学生，样本学生有较大的年级跨度，包含从幼儿园到 8 年级的学生，研究的主要目标是探索幼儿园教师对师生关系的感知可以在多大程度上预测学校的学业结果。这项研究结果显示，师生关系和学业表现有较为显著的相关性，即使在控制了性别、种族、认知能力和行为评分之后，这些关联仍然是显著的。现有研究得出的结论揭示师生关系对学生学业表现、情绪发展、社会能力培养、人格发展等都有重要的意义。

（二）师生关系的实证研究

国际上许多实证研究证明了师生关系与学生学习动机和学习成绩之间的相关性。Maulana 等（2014）在印度尼西亚进行的包含 504名初中一年级学生的实证研究表明，师生关系与学生的学习动机有显著的正相关性。也就是说，师生关系越好，学生学习动机越强烈。学习动机充足的情况下，成绩往往会更好。McCormick 等（2013）的研究利用倾向得分匹配法，证明了师生关系与学习成绩的正相关性，并在研究中发现，师生关系质量对数学成绩的影响尤为显著。

国内师生关系的实证研究主要集中在教师质量和学生学业表现的相关性上。例如，张彩霞（2016）的研究结果表明，农村地区初中生师生关系的冲突性和回避性与学业拖延存在显著的正相关关系，而依恋性和亲密性则与学业拖延有显著的负相关关系；雷浩等（2015）在湖北省咸宁市抽取两所高中和两所初中的1456份样本后发现，中学生的学习效能感、学习能力效能感、学习行为效能感以及学业成绩与教师关怀行为及尽责性、支持性和包容性三个维度均呈显著的正相关；姚松等（2018）基于河南省300多所农村初中的研究发现，我国农村教师专业素质整体偏低，而教师专业素质对农村初中生的学习存在显著的正向影响；陈纯槿和胡咏梅（2011）采用分层线性模型，针对我国西部农村地区中小学教师的质量与学生学业成绩的分析发现，农村专任教师初入职学历、教师培训次数和教师年收入水平均对中小学生平均学业成绩的影响不显著。

总体来看，这些现有实证研究都发现师生关系与学业表现有一定的相关性，但是很少提出明确的改善师生关系的科学依据，而且很少有研究关注农村地区的师生关系。

（三）师生关系情况描述

表5-1明示了构成师生关系问卷的16道题在基线调研和终期调研时的均值分布。量表中的这16道题都与师生关系的状态有关，量表由一条条陈述组成，每一条陈述对应的选项有"非常不同意""不同意""不确定""同意""非常同意"，分别记为1~5分，每个被调查学生的态度总分就是学生对各道题的回答所得分数的加总，这一总分可说明该生对于陈述问题的态度强弱。

以下几道题从基线调研到评估期调研的得分变化值得注意。

第 11 题："在课堂上，老师给我们每个人公平地回答问题的机会"。这道题从基线到评估期的得分变化较为显著，平均分由 3.904 分下降到 2.186 分。具体来看，在基线时，对此陈述句表达否定意向的学生占 8.74%，而在评估期时，表达此意向的学生占比高达 71.7%。也就是说，学生不再相信教师在让学生回答问题时是公平的。与此题较为相似的还有第 6 题："我有困难的时候，老师会看出来"。在基线时，48.31% 的学生对此题持有"同意"或者"非常同意"的态度。然而，在评估期时，对此题持有"同意"或者"非常同意"的态度的学生下降到 36.8%。第 4 题："我在老师的帮助下成绩越来越好"。选择"不确定"这一选项的学生由基线的 21.36% 上升到评估期的 29.59%。与此同时。对此题持有"同意"或者"非常同意"态度的学生由 71.43% 下降到 60.97%。第 7 题："老师会帮我解决我的困难"。选择"不确定"这一选项的学生由基线的 28.42% 上升到评估期的 35.04%。而对此题持有"同意"或者"非常同意"态度的学生由 61.47% 下降到 50.17%。总体来看，随着时间的推移，学生们的师生关系在恶化。

由此可以看出，农村教师在课堂的组织和管理上仍旧存在可以提升的空间。王粉霞（2018）的研究指出：有些教师上课提问时喜欢提问自己偏爱的学生或者成绩较好的优等生，不给所有学生回答问题的平等机会。这样的行为会挫伤其他学生的积极性，使其认为提问和自己无关，对学习的热情也会降低。阳德全（2018）研究指出，农村中学生具有害怕、不敢问的情况。传统的师生关系模式大多是老师讲，学生听；教师写，学生记。学生较为被动，有一些基础差的学生不会问或者根本没有问题问。所以，课堂教学、教法的改善对于农村教师提高教学效果来说尤为重要。

（四） 师生关系对学习成绩的影响

根据普通最小二乘回归分析结果（见表 6-8），基线与评估期控制组的师生关系均与学生的数学成绩在统计学意义上具有显著的相关性。在其他条件不变的情况下，师生关系得分与数学成绩在 1% 的显著性水平下有正向的相关关系。具体来看，在 2012 年的基线调研中，师生关系得分每增加 1%，则学生的数学成绩会提高 0.010%；在 2014 年的评估调研中，师生关系得分每增加 1%，则学生的数学成绩会提高 0.029%。与此结论较为一致的研究有以下几个。McCormick 等 （2013） 利用倾向得分匹配法，证明了师生关系与学习成绩的正相关性，并在研究中发现，师生关系质量对数学成绩的影响尤为显著。Yunus 等 （2011） 在马来西亚进行的实证研究也表明，良好的师生关系可以增强学生的学习动机，从而影响学生的学业表现。除此之外，从控制变量与数学成绩的回归结果中，可以看出性别、年龄、年级、留守情况均与数学成绩有显著的相关关系。Wu 等 （2015） 的研究表明，在中国农村，相对于非留守儿童，留守儿童的师生关系与自尊、抑郁的相关性更强，也就是说留守儿童的师生关系更值得关注。

表 6-8　以数学成绩为因变量的 OLS 多元线性回归 （基线及评估期控制组）

变量	2012 年基线数学成绩	2014 年评估期数学成绩
基线师生关系得分	0.010 *** （0.001）	
评估期师生关系得分		0.029 *** （0.003）

续表

变量	2012 年基线数学成绩	2014 年评估期数学成绩
性别（1 = 男生）	0.123*** (0.023)	0.095*** (0.025)
年龄（1 = 大于或等于 14 岁）	-0.125*** (0.013)	-0.214*** (0.015)
年级（1 = 8 年级）	0.531*** (0.044)	-0.102** (0.047)
寄宿情况（1 = 是）	0.021 (0.048)	-0.034 (0.053)
是否为独生子女（1 = 是）	-0.041 (0.034)	-0.029 (0.036)
是否接受贫困补助（1 = 是）	-0.004 (0.037)	-0.023 (0.039)
父亲是否初中毕业（1 = 是）	0.042 (0.028)	0.077** (0.029)
母亲是否初中毕业（1 = 是）	-0.029 (0.031)	-0.064* (0.032)
是否留守（1 = 是）	0.094* (0.054)	-0.157*** (0.059)
常数项	0.779*** (0.199)	1.717*** (0.254)
样本量	8767	7249
R^2	0.064	0.107

注：*、**、*** 分别表示显著性水平为 10%、5%、1%。

（五）师生关系变化对数学成绩的影响

由表 6-9 中的数据分析结果可以看出，从基线到评估期，控制组的师生关系得分出现了显著的下降。具体来看，基线的师生关系得分平均值是 56.160，终期评估时，师生关系得分平均值下降至 39.632，即师生关系得分平均值下降了 16.527。而且，这个下降的趋势在 7 年级和 8 年级的学生中没有显著差异。

表 6-9　基线和评估期师生关系与数学成绩的变化

变量	基线 2012 年		评估期 2014 年		师生关系变化（标准差）
	平均值（标准差）	样本量	平均值（标准差）	样本量	
控制组学生的师生关系得分	56.160 (0.146)	3799	39.632 (0.091)	3799	-16.527*** (0.133)
控制组 7 年级学生的师生关系得分	56.876 (0.207)	1837	39.904 (0.135)	1837	-16.971*** (0.194)
控制组 8 年级学生的师生关系得分	55.489 (0.204)	1962	39.377 (0.123)	1962	-16.112*** (0.184)

注：*** 表示显著性水平为 1%；部分基线数据在数据清洗中被剔除；同时，为了增强基线和评估期数据的可比性，减少因样本偏差导致的误差，对控制变量样本进行了增补，使得二者的样本量一致，增补的样本采取多重插补法填充。

与本书的结论较为一致的研究有以下几个。Gehlbach 等（2012）对美国的一所中学的研究表明，学生们的师生关系在一学年内产生了明显的变化，师生关系的得分随着时间的推移显著下降，这种变化与学生的学业表现紧密相关。雷浩等（2015）在湖北省咸宁市抽取两所高中和两所初中的 1456 份样本后研究发现，中学生的学习效能感、学习能力效能感、学习行为效能感以及学业成绩与教师关怀行为及尽责性、支持性和包容性三个维度均呈显著的正相关。这也说明教师关怀行为、学生学习效能感和学业成绩之间可能存在更为紧密的关系。但是，需要同时注意到的是与本书结论不同的研究，如 Maulana 等（2014）针对印度尼西亚初中一年级学生的师生关系的时间序列研究表明，师生关系随着时间的推移而改善。

在基线和评估期的问卷中，调查员让学生为自己的师生关系打分，其中 0 分代表最低分，10 分代表最高分。结果显示，基线和评估期的师生关系得分平均值相差不大：基线时，学生自我报告的师生关系得分平均值是 7. 106，评估期时，学生自我报告的师生关系得分平均值是 7. 027（见表 6-10）。这个结果与客观的师生关系得分平均值下降幅度较大不同。由此可见，学生对师生关系的评价较为主观以及趋同，但是整体上，师生关系自我报告的平均值还是有下降趋势。姚松等（2018）的实证研究表明，学生感受到的教学支持在教师专业素质与农村初中生的学习成绩之间起到了部分中介作用。同时，有研究指出，在我国农村地区，教师的教学经验、提升动机和人际交往能力等与学生的数学成绩有显著的相关性。

表 6-10　学生自我报告的师生关系情况

时间	平均值	标准差	样本量
基线 2012 年	7. 106	3. 357	4618
评估期 2014 年	7. 027	2. 445	3780

如表 6-11 所示，将从基线到评估期的数学成绩变化作为因变量，用师生关系得分变化和其他控制变量去解释数学成绩变化时，发现师生关系得分变化对数学成绩变化的影响并不显著。而学生的年龄、年级和留守状态对数学成绩变化的影响比较显著。

表 6-11　以数学成绩变化为因变量的 OLS 多元线性回归

变量	2012~2014 年数学成绩变化
2012~2014 年师生关系得分变化	−0. 002 （0. 002）
性别（1＝男生）	−0. 045 （0. 032）
年龄（1＝大于或等于 14 岁）	−0. 100[***] （0. 015）

续表

变量	2012~2014 年数学成绩变化
年级（1=8 年级）	−0.646*** （0.063）
寄宿情况（1=是）	−0.039 （0.055）
是否为独生子女（1=是）	0.033 （0.043）
是否接受贫困补助（1=是）	−0.039 （0.055）
父亲是否初中毕业（1=是）	0.034 （0.030）
母亲是否初中毕业（1=是）	−0.063 （0.041）
是否留守（1=是）	−0.269*** （0.077）
常数项	1.667*** （0.209）
样本量	7249
R^2	0.109

注：*** 表示显著性水平为 1%。

本章还以 2012~2014 年数学成绩变化为因变量进行了师生关系得分变化与个体特征的异质性分析。研究发现，多个变量的交互项不显著，只有 2012~2014 年师生关系得分变化和是否为独生子女的交互项在 10% 的显著性水平下显著（见表 6-12）。分析其原因，有可能是独生子女的父母会更关注子女的学习成绩，更在意子女的成长与发展，更多地去关注子女的情绪状态，也给予了更多的社会支持。Roorda 和 Oort（2011）的研究则发现，良好的师生关系对学业有困难的学生尤为重要，特别是在这个群体中家庭较为贫困的学生，更加需要教师的关怀与帮助。

表6-12 以数学成绩变化为因变量的异质性分析

交互变量	2012~2014年数学成绩变化	2012~2014年数学成绩变化	2012~2014年数学成绩变化	2012~2014年数学成绩变化	2012~2014年数学成绩变化	2012~2014年数学成绩变化	2012~2014年数学成绩变化	2012~2014年数学成绩变化	2012~2014年数学成绩变化
2012~2014年师生关系得分变化×性别	0.00 (0.68)								
2012~2014年师生关系得分变化×年龄		0.00 (0.34)							
2012~2014年师生关系得分变化×年级			-0.00 (-0.18)						
2012~2014年师生关系得分变化×寄宿情况				-0.00 (-0.15)					
2012~2014年师生关系得分变化×是否为独生子女					0.01* (1.72)				
2012~2014年师生关系得分变化×是否接受贫困补助						0.00 (0.53)			
2012~2014年师生关系得分变化×父亲是否初中毕业							0.00 (0.28)		
2012~2014年师生关系得分变化×母亲是否初中毕业								0.00 (0.08)	
2012~2014年师生关系得分变化×是否留守									-0.01 (-1.15)

注：括号内为t检验值；*表示显著性水平为10%；表中只列出交互变量。

（六）小结

在本节中，师生关系与学生学业表现的主要结论有以下几个。

根据普通最小二乘回归分析结果，基线与评估期控制组的师生关系均与学生的数学成绩在统计学意义上具有显著的相关性。在其他条件不变的情况下，师生关系得分与数学成绩在 1% 的显著性水平下有正向的相关关系。具体来看，在 2012 年的基线调研中，师生关系得分每增加 1%，则学生的数学成绩会提高 0.010%；在 2014 年的评估调研中，师生关系得分每增加 1%，则学生的数学成绩会提高 0.029%。

从基线到评估期，控制组的师生关系得分出现了显著的下降。具体来看，基线的师生关系得分平均值是 56.160，终期评估时，师生关系得分平均值下降至 39.632，即师生关系得分平均值下降了 16.527。而且，这个下降的趋势在 7 年级和 8 年级的学生中没有显著差异。

从基线到评估期，学生们的师生关系得分在降低。最为显著的问题体现在学生对"教师提问公平性"、对"教师的帮助可以使学习成绩进步"以及对"教师能帮助解决实际困难"的否定上。其中，分数下降最多的是第 11 题："在课堂上，老师给我们每个人公平地回答问题的机会"。这道题的评分从基线到评估期的变化较为显著，平均分由 3.904 分下降到 2.186 分。具体来看，在基线时，对此陈述句表达否定意向的学生占 8.74%，而在评估期调研时，表达此意向的学生占比高达 71.7%。也就是说，学生不再相信教师在让学生回答问题时是公平的。

在控制变量与学生数学成绩的回归分析中，性别、年龄、年级、留守情况均与数学成绩有显著的相关关系。

　　在基线和评估期的问卷中，调查员让学生为自己的师生关系打分，其中 0 分代表最低分，10 分代表最高分。结果显示，基线和评估期的师生关系得分平均值相差不大：基线时，学生自我报告的师生关系得分平均值是 7.106，评估期时，学生自我报告的师生关系得分平均值是 7.027。但是，这个结果与客观的师生关系得分平均值下降幅度较大不同。由此可以看出，学生对师生关系的评价较为主观以及趋同。整体上，师生关系自我报告的平均值依旧有下降趋势。

　　将从基线到评估期的数学成绩变化作为因变量，用师生关系得分变化和其他控制变量去解释数学成绩变化时，发现师生关系得分变化对数学成绩变化的影响并不显著。而学生的年龄、年级和留守状态对数学成绩变化的影响较为显著。

　　本书研究还以 2012~2014 年数学成绩变化为因变量进行了师生关系得分变化与个体特征的异质性分析，发现多个变量的交互项不显著，只有 2012~2014 年师生关系得分变化和是否为独生子女的交互项在 10% 的显著性水平下显著。

第七章　心理课程干预对学生学业表现的影响

一　平衡性检验及样本损耗情况

随机干预实验有一个基本的前提假设，即在实施任何干预之前，都要确保干预组和控制组的各个核心变量满足在统计学意义上的前提，即通过平衡性检验。在本书实证研究中，被检验的核心变量是学生的数学成绩及与其相关的特征变量，包括学生性别、年龄、年级、寄宿情况、是否为独生子女、父亲是否初中毕业、母亲是否初中毕业、是否留守、是否接受贫困补助。

表 7-1 显示了干预组和控制组在不同变量上的差异与分布状态。检验结果的 p 值表明，干预组和控制组在学生的个人特征和家庭特征上基本没有显著的差异。只有一个例外，即干预组和控制组在"寄宿情况"这一变量上有较为显著的差异。干预组和控制组在本章的结果变量数学成绩上也不存在显著差异。

表 7-1 调研中干预组和控制组之间的平衡性检验（基线 $N = 8767$）

变量	（1）控制组		（2）干预组		（1）-（2）组间差异		p 值
	均值	标准差	均值	标准差	均值	标准差	
性别（1=男生）	0.533	0.499	0.541	0.499	-0.008	0.0007	0.438
年龄（1=大于或等于 14 岁）	13.469	1.146	13.470	1.137	-0.001	0.009	0.947
年级（1=8 年级）	0.522	0.499	0.518	0.499	0.004	-0.0002	0.714
寄宿情况（1=是）	0.648	0.477	0.767	0.422	-0.119	0.055	0.000
是否为独生子女（1=是）	0.120	0.326	0.114	0.319	0.006	0.007	0.419
父亲是否初中毕业（1=是）	0.449	0.497	0.438	0.496	0.011	0.001	0.314
母亲是否初中毕业（1=是）	0.253	0.434	0.251	0.433	0.002	0.001	0.898
是否留守（1=是）	0.046	0.211	0.046	0.211	0.000	0.000	0.999
是否接受贫困补助（1=是）	0.317	0.465	0.326	0.468	-0.009	-0.003	0.404
数学成绩	0.004	0.014	-0.001	0.015	0.005	0.021	0.778

由表 7-2 可以看出，2012 年基线调研时学生总数为 8767 人，而 2014 年参与终期调研的学生总数为 7249 人，这之间存在 1518 人的样本损耗。经过与班长、班主任确认后了解到，样本损耗主要源于以下几个原因：辍学，请病假或者事假，转学到其他的学校。

表 7-2 干预组与控制组学校及学生数量分布

指标	（1）全部样本	（2）控制组	（3）干预组
2012 年基线学校数量（所）	75	38	37
2014 年终期学校数量（所）	75	38	37
2012 年基线学生样本数量（人）	8767	4618	4149
2014 年终期学生样本数量（人）	7249	3780	3469
2012 年基线数学成绩均值	0.001	0.004	-0.001
2014 年终期数学成绩均值	-0.002	-0.019	0.014

二　心理课程干预对学生学业表现的影响

从表 7-3 可以看出，干预本身对数学成绩的影响并不显著，但是如果加入学生的个人特征或者学校层面的固定效应，干预对数学成绩的影响就是显著的。具体来看，如果包括学校层面的固定效应，干预组的数学成绩在 1% 的水平下会提高 0.26%；如果包括学校层面的固定效应且控制学生的个人特征，干预组的数学成绩在 1% 的水平下会提高 0.28%。但是，需要看到的是，仅仅只是干预，对数学成绩的影响并不显著。也就是说，针对改善学生校园师生关系和同伴关系的干预，对数学成绩并没有直接的影响。

表 7-3　心理课程干预对学生学业表现的影响

变量	评估期数学成绩	评估期数学成绩	评估期数学成绩
干预组（1＝是）	0.04 （1.58）	0.26*** （240.69）	0.28*** （23.42）
基线数学成绩	0.27*** （23.73）	0.26*** （15.43）	0.30*** （16.76）
是否控制学生的个人特征	否	否	是
是否包括学校层面的固定效应	否	是	是
常数项	−0.03* （−1.87）	−0.65*** （−476.58）	1.81*** （11.48）
样本量	7249	7249	7249
R^2	0.072	0.186	0.270

注：*、*** 分别表示显著性水平为 10%、1%。

三　心理课程干预对学生同伴关系的影响

在评估期，在问卷中询问了学生自己的同伴关系情况是否有所改善。通过学生的回答发现，控制组和干预组学生同伴关系的变化差异并不明显。这说明，心理课程干预对改善同伴关系的影响并不大（见表7-4和表7-5）。

表7-4 心理课程干预对学生同伴关系影响的自我报告（2014年评估期）

答项	控制组	干预组
同学关系变好	51.38%	51.67%
同学关系变差	5.53%	6.49%

表7-5 心理课程干预和学生同伴关系的OLS回归

变量	评估期学生自我报告同伴关系改善情况 （1=明显变差，5=明显变好）
干预组（1=是）	−0.01 （−1.12）
常数项	0.50*** （21.63）

注：*** 表示显著性水平为1%。

由表7-6可知，心理课程干预对减少学生校内的冲突并没有显著的作用。

表7-6 心理课程干预和学生校内同伴关系的OLS回归

变量	这学期是否和同学发生过争吵（1=是）	这学期是否和同学发生过争吵（1=是）	这学期是否和同学打过架（1=是）	这学期是否和同学打过架（1=是）
干预组（1=是）	0.06 （1.25）	−0.02 （−0.79）	0.01 （0.30）	0.00 （0.01）
是否控制学生的个人特征	否	是	否	是
是否包括学校层面的固定效应	否	是	否	是

续表

变量	这学期是否和同学发生过争吵（1=是）	这学期是否和同学发生过争吵（1=是）	这学期是否和同学打过架（1=是）	这学期是否和同学打过架（1=是）
常数项	1.14*** （32.87）	2.33*** （7.15）	0.32*** （17.59）	0.22 （1.07）
样本量	7249	7249	7249	7249
R^2	0.000	0.045	0.000	0.053

注：*** 表示显著性水平为1%。

四　心理课程干预对学生师生关系的影响

在评估期，学生被询问和老师的关系有什么变化。收集、整理问卷后进行数据分析，发现控制组和干预组的师生关系变化趋势一致，并没有显著的差异（见表7-7和表7-8）。

表7-7　心理课程干预对学生师生关系影响的自我报告（2014年评估期）

答项	控制组	干预组
师生关系变好	33.38%	34.34%
师生关系变差	8.09%	7.49%

表7-8　心理课程干预和学生师生关系的OLS回归

变量	评估期学生自我报告师生关系改善情况 （1=明显变差，5=明显变好）
干预组（1=是）	0.00 （0.71）
常数项	0.46*** （19.71）

注：*** 表示显著性水平为1%。

如表7-9所示，在控制学生的个人特征和引入学校层面的固定效应后，控制组和干预组学生在评估期师生关系得分上存在显著差异。但是，仅仅只有干预，其对评估期师生关系得分的影响并不显著。这也说明，心理干预课程事实上对改善师生关系没有直接影响。

表7-9 心理课程干预对学生师生关系的影响

变量	评估期师生关系得分	评估期师生关系得分
干预组 （1＝是）	0.01 （0.71）	−0.80*** （−11.29）
是否控制学生的个人特征	否	是
是否包括学校层面的固定效应	否	是
常数项	3.35*** （239.23）	43.78*** （41.16）
样本量	7249	7249
R^2	0.000	0.066

注：*** 表示显著性水平为1%。

五 小结

心理课程干预对改善学生同伴关系以及师生关系的直接影响并不显著的原因有以下几点。

第一，干预课程引入的时间不足。心理课程干预涉及学生人际关系的多方面内容，对于干预组的学生来说，也许需要更多的时间理解并且实践干预的内容，但是干预仅仅持续了两个学年。

第二，干预课程引入的时机不合适。心理课程干预的设计初衷是引导学生建立和维护校园内同伴关系和师生关系。但是干预课程引入的时候，学生可能已经在班级中形成了固定的朋友圈和与教师沟通的模式。这就使得干预课程缺乏一定的应用场景，造成了不显著的结果。

第三，干预课程内容区分度较低。本书发现，性别、留守情况、寄宿情况、学习成绩均与学生的社会资本相关。但是干预课程内容并没有考虑不同学生群体的特殊性，而是使用统一教材，这可能也是造成干预结果不显著的原因之一。

第四，课程的干预方式未以学生的接受为导向。心理课程干预以单向灌输知识为主，而心理健康方面的课程更需要学生敞开心扉、畅所欲言，在学习过程中培养同理心和建立新的友谊。所以应以学生的接受、消化为导向，而不仅仅是灌输相关知识。

第八章 研究结论、政策建议与研究讨论

社会资本是指人与人之间的内在联系，具体分为业缘性联系（师生关系）、地缘性联系（同伴关系）以及亲缘性关系（家庭亲属关系）等（Coleman，1988；梁文艳、杜育红，2012）。对于学生而言，在学校的社会资本是指学生个体通过对同伴关系和师生关系的投资而形成的以同伴之间和师生之间的理解、信任、合作为本质特征的关系网，同时反映了学生个体能够使用同伴关系和师生关系的各种共享资源的能力和能够贡献其本人资源的能力（赵红霞，2011）。在农村初中生的学习生活中，同伴关系、师生关系发挥着重要的作用，具体的作用程度、机制原理，是本书探讨的重点。

本书着重分析了农村初中生的同伴关系与师生关系，探究了其与数学成绩的相关性，回答了以下几个方面的问题：当前农村地区初中生的同伴关系如何；农村地区初中生的师生关系如何；同伴关系与数学学业表现有无关联；师生关系与数学学业表现有无关联；同伴关系中哪一个维度对学生的数学成绩影响最大；师生关系中哪一个维度对学生的数学成绩影响最大。

一 研究结论

（一）农村初中生同伴关系与学业表现

同伴关系作为人际关系中最重要的因素之一，对个体的影响是深远的。它能够满足人与人之间最基本的情感沟通和交流的需求，包括倾诉内心忧伤、分享快乐感受、寻求结伴等需求（罗翠翠，2016）。同伴关系在青少年适应学校生活和社会过程中起着非常重要的作用。良好的同伴关系有利于青少年社会价值的获得、社会能力的培养、学业的顺利完成以及人格的健全发展。在同伴关系的影响下，个体的角色定位会为其以后走入社会扮演的社会角色奠定坚实的基础（杨海波，2008）。不良的同伴关系有可能导致学生学校适应困难，严重的情况下会对成人以后的社会适应造成消极的影响（周静，2003）。

本书中，关于同伴关系的研究结论体现在以下几个方面。

一是学生的校内同伴关系（校园推力）与数学成绩存在显著的相关性。具体来看，在班级里越受到同学们的欢迎，数学学业表现越好；在班里曾与同学发生冲突，尤其是出现过打架行为的学生，数学学业表现较差。

二是学生的校外同伴关系（社会拉力）与数学成绩存在显著的相关性。具体来看，报告自己"有辍学的同伴""与辍学同伴经常联系""曾被辍学校外同伴引诱外出打工"的学生，数学学业表现较差。

三是数据分析结果说明，74.79%的学生受到至少一种校园推力的影响，只有25.21%的学生没有受到任何校园推力的影响；61.17%

的学生受到至少一种社会拉力的影响，同时，38.83%的学生未受到任何形式的社会拉力的影响。

四是将研究的目标聚焦在数学成绩最差组别的学生。通过将他们的数学成绩与所受到的校园推力和社会拉力进行关联性比较分析后，发现数学成绩最差组别的学生群体中，48.85%的学生既受到社会拉力也受到校园推力的影响；27.54%的学生只受到校园推力的影响；13.73%的学生只受到社会拉力的影响；既没有受到校园推力也没有受到社会拉力影响的学生只有9.87%。

（二）农村初中生师生关系与学业表现

广义上，师生关系是指在校园内学生与教师之间的互动关系。具体来看，师生关系是指学校中学生在其与教师互动过程中建立的认知、情感行为等方面的关系，是个体社会化的重要内容。在影响学生学业表现的因素中，师生关系一直被认为是最为重要的因素之一（黄慧静、辛涛，2007）。除了学业表现，师生关系的重要性还体现在对学生的社会适应能力有着重要的影响（范燕平、韩琴，2016）。

本书中，关于师生关系的研究结论体现在以下几个方面。

一是从基线到评估期，控制组的师生关系得分出现了显著的下降。具体来看，基线的师生关系得分平均值是56.160，终期评估时，师生关系得分平均值下降至39.632，即师生关系得分平均值下降了16.527。而且，这个下降的趋势在7年级和8年级的学生中没有显著差异。

二是在师生关系问卷中的16道题目中，分数下降幅度最大的是"在课堂上，老师给我们每个人公平地回答问题的机会"。这道题的评分从基线到评估期的下降最为显著。具体来看，在基线时，对此陈述句表达否定意向的学生占 8.74%，而在评估期时，表达此意向的学生占比高达 71.7%。也就是说，学生不再相信教师在课堂提问时是公平的。

三是根据普通最小二乘回归分析结果，基线与评估期控制组的师生关系均与学生的数学成绩在统计学意义上具有显著的相关性。在其他条件不变的情况下，师生关系得分与数学成绩在 1% 的显著性水平下有正向的相关关系。具体来看，在 2012 年的基线调研中，师生关系得分每增加 1%，则学生的数学成绩会提高 0.010%；在2014 年的评估调研中，师生关系得分每增加 1%，则学生的数学成绩会提高 0.029%。

四是在控制变量与数学成绩的回归分析中，可以看出性别、年龄、年级、留守情况均与数学成绩有显著的相关关系。

二　政策建议

（一）改善农村初中生同伴关系

1. 加强德育教育

我国教育的终极目标，是培养德智体美劳全面发展的社会主义建设者和接班人。学校要从这一目标出发，加强德育教育，培养学生良好的思想道德品质和相互帮助共同进步的社会美德，使学生学会与他人友好相处，为学生建立良好的同伴关系打下基础。具体的加强德育教育的方法有很多种，核心思想应以理解、宽容等为出发点，让学生学会换位思考，从别人的角度考虑问题。同时，对于冲突管理方面的知识也应提及。

2. 加强集体教育

人既具有自然属性，也具有社会属性。学校要从学生最终走向社会、参与集体协作的现实考虑，通过加强集体教育，培养学生的团队意识，增强学生的集体荣誉感，引导学生认清与他人共处、协作以及配合的重要性，主动改善同伴关系。

3. 开展文体活动

开展丰富多彩的文体活动，既能培养学生的文体兴趣和特长，也能使学生放松身心、强健体魄，从而更好地投入课堂学习。学校要开展经常性、群体性和适度娱乐性的文体活动，吸引学生加入其中，使其成为同伴关系中的一员，并引导学生向着同一个目标努力，感受参与集体活动的快乐。

4. 组织兴趣小组

以培养学生的唱歌、舞蹈、书法、绘画等爱好和特长为目的，成立兴趣小组，鼓励学生参加，或者开展"一帮一"互助互学活动，使爱好相同、性格相近的学生在公共活动平台定期交流，让学生在不知不觉中强化健康向上、互相学习的同伴关系，也使学生有更多的机会发现自己的兴趣爱好和特长，从而建立自信心，缓解学习带来的焦虑。

5. 预防校园暴力

校园暴力与学生的学业表现存在显著的负相关关系，校园暴力会严重影响学生的学习动机、安全感、信任感和友好感，既不利于学生身心健康，也会影响学生学习情绪、精力和专注程度。

学校，一方面要加强管理，出台相关制度，加大惩处力度，强化警示效应；另一方面要完善学生矛盾的报告、调处和家庭协作机制，使学生能够专心学习，不用担心受到校园欺凌的侵扰。

6. 减少在校生受到校外辍学同伴影响的机会

研究发现，在校学生受到校外辍学同伴影响出现学业表现下降的现象客观存在，且较为显著，特别是在西部农村地区，对于初中和高中学生来说，短暂的经济刺激十分具有诱惑力和吸引力。学校要针对"读书无用论""打工赚大钱"等错误观念，采取邀请优秀毕业生介绍经验、召开专题主题班会、通过典型事例比较等方式，加强教育引导，使学生充分认识到学习的重要性。同时，在营造健康校园氛围方面，要加强宣传，通过校园宣传栏、班级板报、公共宣传平台等载体，营造浓厚的劝学励志氛围。

（二）改善农村初中生师生关系

良好的师生关系是需要依靠学生、老师、学校等共同努力才可以建立起来的。但是，在这样一种垂直关系中，起到主导作用的一方依然是教师。根据研究的结论，本书对于改善农村初中生师生关系有如下几点建议。

1. 加强师德师风建设

师德师风建设，是教师队伍建设的重要方面。要通过理论学习、职业教育、工作考核等方式，强化教师"学为人师、行为世范"的意识，使其做到正确对待教学工作、正确对待不同学生，做到教学生、管学生和爱学生相结合、相统一，为密切师生关系打下基础。

2. 开展师资培训

要通过举办培训班、开展网络培训、组织讲课比赛等方式，提高老师的知识水平、讲课水平、交流水平和与学生相处能力。可以采用师范教育和远程教育相结合的方式进行培训，从而增强老师对学生的了解，使学生尊重、信任和敬佩老师，拉近师生之间的距离。

3. 纠正偏爱思想

研究发现，在师生关系的测量题目中，分数下降幅度最大的题目是"在课堂上，老师给我们每个人公平地回答问题的机会"。《基础教育课程改革纲要（试行）》提出："教师应尊重学生的人格，关注个体差异，满足不同学生的学习需要。"所以，老师要树立正确的学生观，对所有学生一视同仁、不私不偏。消除一些老师特殊照顾学优生、有意忽略学困生的思想和做法，倡导老师将精力向学困生倾斜，在课堂上多提问学困生，在课堂下多关心学困生，真正做到一视同仁地"传道、授业、解惑"。

4. 改进教学方式

僵硬枯燥的教学方式，不仅教学效果不好，还会引起学生对老师的抵触甚至反感，进而影响学生对课程的学习兴趣和学习动力。建立良好的师生关系，要紧紧抓住课堂教学这个主渠道、主阵地，转变"填鸭式"教学方式，采取鼓励学生发问、鼓励小组讨论、鼓励双向交流的"互动式"教学方式，提高课堂教学的吸引力、教学反馈的及时性，使学生愿意走进课堂、走近老师。

5. 进行教学反思

学校要利用假期等时间，通过召开观摩会、总结会、交流会等形式，及时组织老师进行教学总结，开展集体讨论，进行教学反思，必要时可以邀请学生参与讨论，提出疑问和需求，促进师生交流和互动，既提高老师的教学组织能力，又构建新型师生关系并帮助教师成长。

6. 定期进行家访

学校要制定家访制度，要求教师定期到学生家中了解情况，了解学生的家庭状况和学生遇到的实际困难。用实际行动来关心爱护学生，用心用情从教，主动与学生建立良好的师生关系，使学生有疑问愿意问、有问题愿意提、有困难愿意说，激发学生爱学习、报师恩的内在动力。

三 研究不足及未来研究方向

本书研究的不足之处及未来的研究方向主要有以下几个。

首先，由于客观条件的限制，本书研究所依托的数据主要来自西部农村地区，很难做到兼顾城乡差异和省份差异等因素。未来的研究可以将范围扩大一些，在更丰富的样本中研究社会资本和学业表现的关系，使得出的结果更具科学性和对比性。

其次，本书研究主要使用的是相隔两年的基线和评估期的针对学生的调查问卷。虽然这个版本的调查问卷的问项根据预调研的结果进行了多次修改，但是依旧难以避免学生在填写问卷时的主观性。未来的研究可以考虑加强质性研究，将定量分析和定性分析结合起来，使得出的结果更客观、更具逻辑性。另外，由于问卷条件的限制，在关于同伴关系的研究中，发现校外同伴关系的变量，如"是否有辍学的同伴""是否与辍学同伴经常联系""是否曾被辍学校外同伴引诱外出打工"只在基线问卷中有所涉及，在评估期并没有涉及。这导致在研究同伴关系时样本只能保留基线控制组的数据，且无法看到变量随时间的变化情况。未来的研究应尽量保证基线和评估期的所有变量一一对应，以得到更统一和更具说服力的研究结论。

再次，分析水平仍需提高。在本书的研究中，学生社会资本的概念在学界尚无统一标准，在实际操作中也存在一定的模糊性。虽然在研究的过程中借鉴了前人的研究方向和思路，但是分析仍然有一定的局限性。

最后，本书研究的结果变量是数学成绩，数学成绩在学业表现中是一个重要的衡量标准，但是只看数学成绩会对学生的学习动机、兴趣等中介变量有所忽略。如果条件允许，未来的研究应考虑从多方面来测量教学成效。

提高教育教学质量、促进学生全面发展，是教育工作必须面对的永恒课题，也是随着社会需求、教育理念、学生心智等不断变化而变化的重点难点。本书立足我国教育背景和教学情境，通过较为规范、科学的实证研究，引入随机干预实验的客观结果，揭示了校园社会资本与学生学业表现的相关性，既为政策制定者提供了更为科学的依据，也为教学组织者、实施者、参与者开辟了新的思想方法和工作方法，引导各方关注非智力因素对学业成绩的影响，在改善硬件环境、加强教学管理、深化教育改革、强化教学训练的同时，对通过改善学生的同伴关系、师生关系来提高学业成绩具有一定的参考价值和实践意义。

总之，随着我国教育的发展，对学生学业表现和学生社会资本的研究也要不断调整、完善、深入，未来的研究应该以教育效果为导向，与时俱进，不断改进。

附　录

农村地区初中学生问卷

问卷编码：

一　学生个人信息

问题	答案/选项
1. 你的性别？	1. 男　　　2. 女
2. 你出生的年份（请填写公历/阳历年份，不要填农历/阴历年份）	_____年（如：2001年等）
3. 你出生的月份（请填写公历/阳历月份，不要填农历/阴历月份）	_____月（如：3月等）
4. 你几周岁了？	_____周岁
5. 你是哪个民族的？（如果选6，请把民族写在横线上，同时写明具体情况）	1. 汉族　2. 回族　3. 满族 4. 蒙古族　5. 藏族 6. 其他，请说明_____
6. 你的户口类型？	1. 农村户口 2. 城镇户口（非农业户口） 3. 其他
7. 你上过幼儿园吗？	1. 上过　　　2. 没上过
8. 你的手机号是多少？（没有手机号的填0）	手机号_____
9. 你家的联系方式是多少（如果是座机记得填写区号）？	电话/手机号_____

二　学生家庭成员信息

问题	答案/选项
10. 你家里一共有几口人？	_____人
10a. 你是不是单亲家庭的孩子？	1. 是　　2. 否
11. 你爸爸今年多大年纪？	_____周岁
12. 你爸爸的文化程度？	1. 小学没有毕业（及以下） 2. 小学毕业 3. 初中毕业 4. 高中、技校、职中或中专毕业 5. 大专毕业 6. 大学本科毕业及以上
13. 你爸爸现在最主要的工作是什么？	主要工作_____
14. 你爸爸现在务农（干农活）吗？	1. 几乎每天都务农 2. 只在农忙时务农 3. 完全不务农
15. 从 2012 年 3 月到现在，你爸爸在外面住了多长时间？	1. 累计在外面住超过四个月 2. 累计在外面住两个月到四个月 3. 主要在家住（累计在外面住两个月以下）
15a. 这学期，你爸爸有没有给你买过书？	1. 有　　2. 没有
16. 你爸爸的户口类型？	1. 农村户口 2. 城镇户口（非农业户口） 3. 其他
17. 你妈妈今年多大年纪？	_____周岁
18. 你妈妈的文化程度？	1. 小学没有毕业（及以下） 2. 小学毕业 3. 初中毕业 4. 高中、技校、职中或中专毕业 5. 大专毕业 6. 大学本科毕业及以上
19. 你妈妈现在最主要的工作是什么？	主要工作_____

续表

问题	答案/选项
20. 你妈妈务农（干农活）吗？	1. 几乎每天都务农 2. 只在农忙时务农 3. 完全不务农
21. 从 2012 年 3 月到现在，你妈妈在外面住了多长时间？	1. 累计在外面住超过四个月 2. 累计在外面住两个月到四个月 3. 主要在家住（累计在外面住两个月以下）
21a. 这学期，你妈妈有没有给你买过书？	1. 有　　2. 没有
22. 你妈妈的户口类型？	1. 农村户口 2. 城镇户口（非农业户口） 3. 其他
23. 你有几个亲哥哥？	____个（如果没有，答 "0"）
24. 你有几个亲姐姐？	____个（如果没有，答 "0"）
25. 你有几个亲弟弟？	____个（如果没有，答 "0"）
26. 你有几个亲妹妹？	____个（如果没有，答 "0"）
27. 你有几个亲兄弟姐妹正在上学？	____个（如果没有，答 "0"）
28. 你有几个亲兄弟姐妹正在这所学校上学？	____个（如果没有，答 "0"）

三　你最近上学的基本情况

问题	答案/选项
29. 你上学期在这所学校上学吗？	1. 是　　2. 否
30. 你本学期多数时间住在哪里？ （如果你选 5，请在横线上写明具体情况）	1. 家　　2. 学校宿舍 3. 在外租房　　4. 亲戚家 5. 其他，请说明_____
31. 你平时是怎么从家里到学校的？ （请选择最常用的方式，住校的同学，请选择每周末从家来学校的最经常用的交通方式，如果你选 8，请在横线上写明具体情况）	1. 走路　　2. 自行车　　3. 电动车 4. 家里的摩托车 5. 家里的小汽车 6. 公交车　　7. 校车 8. 其他，请说明_____

问题	答案/选项
32. 用上一题你选择的那种交通工具，从家到学校单程需要多长时间？	1. 小于 15 分钟 2. 15 分钟到 30 分钟 3. 30 分钟到 1 个小时 4. 1 个小时到 2 个小时 5. 2 小时及以上
33. 你有没有拿到伙食补助？	1. 在学校住，有伙食补助 2. 在学校住，没有伙食补助 3. 没有在学校住，有伙食补助 4. 没有在学校住，没有伙食补助
34. 你从上学到现在，是否享受过任何针对贫困生的资助？	1. 享受过　　2. 没有享受过
35. 你从上学到现在，是否参加过心理健康课程或是学校举办的心理健康活动？	1. 参加过　　2. 没有参加过
36. 这学期到现在，班主任老师跟你做过几次家访？	＿＿次
37. 这学期到现在，班主任老师跟你单独谈过几次话？	＿＿次
38. 你本学期的总体学习成绩排在哪个等级？	1. A（优秀）　　2. B（良好） 3. C（合格）　　4. D（待合格）
39. 如果 1 分代表"非常不喜欢"，10 分代表"非常喜欢"，你现在对上学有多喜欢，会打多少分？（请用整数打分，最少打 1 分，最多打 10 分）	＿＿分
40. 你们班有多少同学跟你是同一所小学的？	1=没有人　　2=1～4 人 3=5～8 人　　4=9 人及以上
41. 这学期，你被你的同学或舍友欺负过吗？	1. 从没有被欺负　　2. 偶尔被欺负 3. 经常被欺负
42. 这学期，你与你的同学或舍友吵过架吗？	1. 从不吵　　2. 偶尔吵　　3. 经常吵
43. 这学期，你与你的同学或舍友打过架吗？	1. 从不打　　2. 偶尔打　　3. 经常打
44. 请写出你班级里跟你关系最好的朋友的名字（只能填一个人）	名字＿＿＿＿

续表

问题	答案/选项
45. 请写出你班级里跟你关系第二好的朋友的名字（只能填一个人）	名字_____
46. 这两位好朋友跟你来自同一所小学吗？	1. 两个都跟我在同一所小学 2. 只有一个跟我在同一所小学 3. 都没有跟我在同一所小学

四　以后的打算

问题	答案/选项
47. 你希望自己上学最高上到哪一级？	1. 初中一年级 2. 初中二年级 3. 初中三年级 4. 高中/中专/技术学校/职业高中 5. 大学/大专 6. 硕士研究生 7. 博士研究生
48. 以你现在的状况，你认为自己在上一题中实现愿望的可能性有多大？	1. 完全能实现　2. 可能会实现 3. 可能不会实现　4. 完全不能实现
49. 你觉得你父母希望你现在继续上学还是出去打工赚钱？	1. 继续上学　2. 外出打工
50. 你学习上的事情家里谁关心得最多？（单选）	1. 爸爸　2. 妈妈 3. 爷爷/奶奶　4. 外公/外婆 5. 姐姐/哥哥　6. 其他亲戚
51. 上一个学年（2011 年 9 月至 2012 年 7 月）你的家长共参加了几次学校的家长会？	____次
52. 在你周围有没有和你年龄差不多的朋友或亲戚没读完初中就不上学了？	1. 有　2. 没有
53. 如果有，你和他们经常联系吗？	1. 经常联系 2. 不经常联系 3. 没有这样的朋友或亲戚

续表

问题	答案/选项
54. 他们有没有让你和他们一起出去打工或者做生意？	1. 有　2. 没有
55. 你这学期有没有想过在初中毕业之前离开学校？	1. 有　2. 没有
56. 假设你现在去工作，你觉得你一个月可以赚多少钱？（请写一个具体的数字）	____元
57. 你觉得你初中毕业后去工作，一个月可以赚多少钱？（请写一个具体的数字）	____元
58. 假如今天给你 1000 元或者一年后给你 1250 元，你喜欢哪一个？	1. 今天的 1000 元 2. 一年后的 1250 元

五　整体师生关系

对于以下每个说法，你是非常不同意、不同意、不确定，还是同意、非常同意？请根据自己的真实想法，选出最符合你想法的那一项，写在后面的答案栏里。需要注意的是，这些问题问的是你对所有老师的整体感觉，不是针对某一位具体老师的感觉。

问题	答案
59. 我觉得老师喜欢我	
60. 学校里的大部分老师对我很友好	
61. 这里的老师都很尊重我	
62. 我在老师的帮助下成绩越来越好	
63. 老师经常鼓励我	
64. 我有困难的时候，老师会看出来	
65. 老师会帮我解决我的困难	
66. 在课后，我跟老师也会讨论学习内容或是生活上的事情	
67. 老师可以理解我的感受	

问题	答案
68. 老师会询问我是否理解他/她在课堂上讲的内容	
69. 在课堂上，老师给我们每个人公平地回答问题的机会	
70. 只要我做得好，老师就会表扬我	
71. 老师认为我是一个好孩子	
72. 我觉得老师关心我的学习或生活	
73. 老师经常给我发奖状或奖品	
74. 老师跟我谈过我学习或生活上的事情	
75. 如果 1 分代表"非常不好"，10 分代表"非常好"，你给你跟老师的关系打多少分？（请用整数打分，最少打 1 分，最多打 10 分）	——分

参考文献

安秋玲. 初中生同伴群体交往与自我同一性发展研究 [J]. 心理科学, 2008 (6): 1524-1526.

边燕杰, 丘海雄. 企业的社会资本及其功效 [J]. 中国社会科学, 2000 (2): 13.

蔡琼霞. 初中生数学学习挫折的现状、成因及其对策研究 [D]. 上海师范大学, 2004.

曹加平. 初中生同伴交往现状研究 [D]. 南京师范大学, 2006.

陈纯槿, 胡咏梅. 西部农村中小学教师质量及其影响因素的实证分析 [J]. 教师教育研究, 2011, 23 (3): 61-65.

陈东勤, 王碗. 返乡创业农民工与三维资本理论关系研究 [J]. 中国成人教育, 2018 (14): 151-155.

陈咏媛. 中学生同伴关系与其幸福感的关系研究 [J]. 医学与社会, 2006, 19 (8): 42-43.

陈赟皓. 社会资本和高校学生就业关系分析 [J]. 环渤海经济瞭望, 2017 (10): 128-130.

陈植乔, 王松花, 袁立新. 农村初中学生心理健康状况调查与分析——兼与城市初中学生比较 [J]. 广东第二师范学院学报,

2000（5）：119-124.

崔巍．社会资本、信任与经济增长［M］．北京：北京大学出版社，2017.

邓飞．我国城乡教育公开的现状与发展测评研究［D］．陕西师范大学，2012.

都阳，蔡昉．中国农村贫困性质的变化与扶贫战略调整［J］．中国农村观察，2005（5）：2-9.

范燕平，韩琴．师生关系对农村小学生社会适应的影响［J］．中小学心理健康教育，2016（11）：13-17.

方竹兰．从人力资本到社会资本［J］．学术月刊，2003（2）：80-86.

费孝通．乡土中国［M］．北京：北京大学出版社，2012：51-52

傅纪恩．家庭因素对农村初中生学业成绩的影响研究［D］．宁波大学，2017.

高屾，闵文斌，常芳，等．农村初中生校园欺凌与心理健康的相关性研究［J］．华东师范大学学报（教育科学版），2018，36（2）：60-67.

顾新，郭耀煌，李久平．社会资本及其在知识链中的作用［J］．科研管理，2003，24（5）：44-48.

桂勇，黄荣贵．社区社会资本测量：一项基于经验数据的研究［J］．社会学研究，2008（3）：122-142.

国光虎，李滨．"乡村振兴"战略背景下农村人力资本与农村经济发展关系研究［J］．安徽农业科学，2019，47（3）：5

胡红濮，郭珉江，秦盼盼．社会资本参与卫生信息化建设：国外经验、我国现状与策略［J］．中华医学图书情报杂志，2017（9）.

胡荣．社会资本与中国农村居民的地域性自主参与——影响村民在
　　村级选举中参与的各因素分析［J］．社会学研究，2006（2）：
　　25.

黄光国．王者之道［M］．台北：台湾学术书局，1989.

黄慧静，辛涛．教师课堂教学行为对学生学业成绩的影响：一个跨
　　文化研究［J］．心理发展与教育，2007，23（4）：57-62.

黄星月．农村初中生班级同伴关系及其对学生发展的影响研究［D］.
　　河南大学，2017.

季美倩．县级中学数学成绩差的原因分析及解决策略［D］．河北师
　　范大学，2014.

雷浩，徐瑰瑰，邵朝友，等．教师关怀行为与学生学业成绩的关系：
　　学习效能感的中介作用［J］．心理发展与教育，2015，31（2）.

雷浩．影响教师教学反思的关键因素及其作用程度分析［J］．教育
　　发展研究，2015（12）：52-58.

李惠斌，杨雪冬．社会资本与社会发展［M］．北京：社会科学文献
　　出版社，2000：248-250.

李俊毅．农村初中学生家庭因素与数学学习成绩关系的研究［D］.
　　四川师范大学，2018.

李巧灵．农村初中学困生数学成绩影响因素调查分析［J］．学周刊，
　　2016（33）：149-150.

李淑湘，陈会昌，陈英和．6-15岁儿童对友谊特性的认知发展
　　［J］．心理学报，1997（1）：52-60.

李小云，齐顾波，徐秀丽．普通发展学（第二版）［M］．北京：社
　　会科学文献出版社，2012.

梁文艳，杜育红．农村地区家庭社会资本与学生学业成就——中国

城镇化背景下西部农村小学的经验研究 [J]. 清华大学教育研
究，2012（6）：67-77.

林南. 社会资本：关于社会结构与行动的理论 [M]. 张磊，译. 上
海人民出版社，2005.

刘焕然. 农村隐性辍学生：两种文化合力下的学校边缘人——基于
孝感市 Y 中学的调查研究 [D]. 华中科技大学，2014.

刘佳. 中学教师影响教学有效性的能力素质与关键行为研究 [D].
华东师范大学，2018.

刘俊升. 同伴群体研究的现状评析 [J]. 当代青年研究，2006（7）：
42-46.

刘敏. 社会资本与多元化贫困治理 [M]. 北京：社会科学文献出版
社，2013.

刘少英. 学前幼儿同伴关系发展追踪研究 [D]. 华东师范大学，
2009.

刘文华，王茂华. 现实与跨越：甘肃农村教师生活境况的调查研究
[M]. 西南交通大学出版社，2017.

刘晓梅. 城乡教师领导行为与初中生情绪适应关系的研究 [D]. 山
东师范大学，2007.

陆建华. 社会变革中的当代中国青年问题 [J]. 社会学研究，1989
（1）：15-27.

吕炜，杨沫，王岩. 城乡收入差距、城乡教育不平等与政府教育投
入 [J]. 经济社会体制比较，2015（3）：20-33.

罗翠翠. 农村地区同伴群体对留守儿童影响研究 [J]. 西部皮革，
2016，38（14）：98-99.

罗国刚，于学文，任永慧，等. 农村小学生学习成绩影响因素分析

［J］. 中国心理卫生杂志，1996（S1）：159-160.

罗儒国. 农村教师生存状况的调查与思考［J］. 湖南师范大学教育科学学报，2012，11（4）：44-47.

马蕾迪，范蔚，孙亚玲. 学习参与度对初中生数学成绩影响研究［J］. 中国教育学刊，2015（2）：77-80.

梅红星. 影响农村学校初中生数学学习成绩的相关因素的分析及教学对策研究［D］. 华中师范大学，2008.

闵文斌，常芳，王欢. 非经济因素对农村初中生辍学的影响［J］. 教育与经济，2016（5）：73-77.

曲鸿雁. 两代独生子女的新型师生关系研究［J］. 教育与职业，2011（9）：185-186.

邵高峰. 学业不良初中生心理健康与家庭环境关系研究［D］. 辽宁师范大学，2009.

盛冰. 社会资本对当代教育的影响［J］. 北京师范大学学报（社会科学版），2003（6）：128-134.

孙秀林. 华南的村治与宗族——一个功能主义的分析路径［J］. 社会学研究，2011（1）：133-166.

唐钧. 社会政策的基本目标：从克服贫困到消除社会排斥［J］. 江苏社会科学，2002（3）：41-47.

童宏保. 从人力资本到社会资本：教育经济学研究的新视角［J］. 教育与经济，2003（4）：23-27.

汪丁丁. 资本概念的三个基本维度——及资本人格的个性化演变路径［J］. 哲学研究，2006（10）：5.

汪红梅. 我国农村社会资本变迁的经济分析［D］. 华中科技大学，2008.

汪行福. 走出时代的困境——哈马贝斯对现代化的反思 [J]. 上海：上海社会科学出版社, 2000.

汪阳春, 朱振亚. 影响农村中学生学习成绩因素的实证研究 [J]. 阜阳师范学院学报（社会科学版）, 2009（3）：123-124.

王粉霞. 浅谈农村初中数学教学课堂提问的有效性 [J]. 学苑教育, 2018（15）：48-49.

王欢. 人力资本视角下的农村初中辍学问题实证研究 [D]. 西北大学, 2016.

王兴民. 农村初中生数学成绩的影响因素研究 [J]. 科技信息, 2008（25）：265-277.

王艳丽, 张改清. "社会拉力"如何影响农村中学生辍学行为——基于扩展的社会影响理论的分析 [J]. 周口师范学院学报, 2017, 34（3）：120-125.

王勇鹏. 论农村教师专业化的艰难性 [J]. 大学教育科学, 2011（3）：55-59.

王渊博. 留下或离开：某农村地区少数民族初中生的学生角色冲突研究 [J]. 当代教育与文化, 2014（4）：38-43.

王振存. 文化视阈下城乡教育公平研究 [D]. 河南大学, 2011.

温佩泽. 义务教育阶段学业成就影响因素研究 [D]. 东北师范大学, 2014.

乌德亚·瓦格尔. 贫困再思考：定义和衡量 [J]. 刘亚秋, 译. 国际社会科学杂志, 2003（1）：151-160.

吴方文, 宋映泉, 黄晓婷. 校园欺凌：让农村寄宿生更"受伤"——基于17841名农村寄宿制学校学生的实证研究 [J]. 中小学管理, 2016（8）：8-11.

吴振华. 缩小农村居民教育性别差距：更关注文化资本还是经济和
　　社会资本？[J]. 西南政法大学学报，2020（1）：15.

伍翠翠. 马克思主义政治哲学视域下社会资本与服务型政府协同发
　　展研究 [D]. 中国科学技术大学，2018.

咸大伟. 初中生自我概念及其与同伴关系类型的相关研究 [D]. 南
　　京师范大学，2008.

薛晓源，曹荣湘. 文化资本、文化产品与文化制度——布迪厄之后
　　的文化资本理论 [J]. 马克思主义与现实，2004（1）：7.

阳德全. "提问"在农村中学数学课堂教学中的实践探究 [J]. 科
　　学咨询（教育科研），2018，590（6）：107.

杨道宇，温恒福. 学生在学校中的社会资本 [J]. 江苏高教，2009
　　（4）：84-87.

杨光艳，张哲华. 同伴接纳、友谊与学业成绩的关系探微 [J]. 安
　　康学院学报，2006，18（2）：105-108.

杨海波. 同伴关系与小学生学业成绩相关研究的新视角 [J]. 心理
　　科学，2008（3）：648-651.

杨欢. 浅析不良同伴关系对青少年发展的负面影响 [J]. 科教文汇，
　　2018（23）：174-175.

杨晶，丁士军，邓大松. 人力资本、社会资本对失地农民个体收入
　　不平等的影响研究 [J]. 中国人口·资源与环境，2019，29
　　（3）：11.

杨钋，朱琼. 初中生同伴关系的影响因素分析 [J]. 北京大学教育
　　评论，2013，11（3）：99-117.

杨塬野. 教师专业素质对农村初中生学业发展影响的实证研究
　　[D]. 河南大学，2017.

姚松，杨塬野，李桂荣．教师专业素质对农村初中生学业成绩影响的实证研究——以河南省 300 所农村初中为例 [J]．教师教育论坛，2018（5）：89-97.

殷德生．社会资本与经济发展：一个理论综述 [J]．南京社会科学，2001（7）：28-31.

曾克强．社会资本对区域经济发展的影响研究 [D]．湖南大学，2017.

战欣，孙丹，董振华．城乡青少年的学校适应研究 [J]．山东师范大学学报（人文社会科学版），2005（6）：144-147.

张彩霞．农村地区初中生师生关系、亲子关系与学业拖延的关系研究 [D]．河北大学，2016.

张发军．农村学业不良初中生学业成败归因现状及特点研究 [D]．辽宁师范大学，2010.

张方华．企业社会资本与技术创新绩效：概念模型与实证分析 [J]．研究与发展管理，2006，18（3）：7.

张亮，崔永军．大学生社会资本形成的策略探析 [J]．青年与社会（下），2014（1）：70-70.

张其仔．社会资本论——社会资本与经济增长 [M]．北京：社会科学文献出版社，2002.

张茜．青少年同伴关系的特点与功能分析 [J]．当代教育科学，2003（1）：37-39.

张蓉．"三维资本"与农户脱贫 [D]．云南财经大学，2018.

张廷．社会资本视角下的地方高校协同创新研究 [J]．中国科技论坛，2013（4）：16-20.

张旺．城乡教育一体化：教育公平的时代诉求 [J]．教育研究与评论：中学教育教学，2012（11）：13-18.

张维迎．博弈论与信息经济学［M］．上海：上海三联书店，上海人
民出版社，1999.

张伟明．社会资本与转型发展［M］．杭州：浙江工商大学出版
社，2016.

赵红霞．影响初中生学业成绩差异的机制研究——回归分析模型的
探讨［D］．华东师范大学，2011.

赵延东，罗家德．如何测量社会资本：一个经验研究综述［J］．国
外社会科学，2005（2）：18-24.

郑浏澉．农村高中生学习成绩的非智力影响因素探讨［J］．科教导
刊，2018，336（4）：139-140.

中央广播电视总台编《摆脱贫困（视频书）》，人民出版社，2021。

周静．初中生同伴关系与网上交友行为特征及教育对策［D］．山东
师范大学，2003.

朱希伟．企业空间集聚与地区间专业化——关于浙江专业化 产业区
的理论分析与案例研究［D］．浙江大学，2005.

朱新方．制约"共同富裕"目标实现的经济学分析——基于大学
《市场经济学》理论教学中无法回避问题的研究［J］．经济研
究导刊，2011（1）：238-239.

朱益霞．企业社会资本对营销绩效的影响研究——基于资源依赖与
机会开发双重视角［D］．华南理工大学，2018.

庄瑜．学生社会资本与学业成就的互动研究［D］．华东师范大
学，2004.

邹泓．同伴关系的发展功能及影响因素［J］．心理发展与教育，
1998，14（2）：39-44.

邹宜斌. 社会资本：理论与实证研究文献综述 [J]. 经济评论，2005 (6)：6.

左孝凡，王翊嘉，苏时鹏，等. 社会资本对农村居民长期多维贫困影响研究——来自 2010~2014 年 CFPS 数据的证据 [J]. 西北人口，2018, 39 (6)：63–72.

Adams J H. Identifying the Attributes of Effective Rural Teachers: Teacher Attributes and Mathematics Achievement among Rural Primary School Students in Northwest China [J]. Gansu Survey of Children & Families Papers, 2012.

Auestad M L. The Effect of Low-Achieving Peers [J]. Labour Economics, 2018, 178–214.

Balsa A, Gandelman N, Roldán F. Peer and Parental Influence in Academic Performance and Alcohol Use [J]. Labour Economics, 2018.

Becker G. Growing Human Capital Investment in China Compared to Falling Investment in the United States [J]. Journal of Policy Modeling, 2012, 34 (4)：517–524.

Behjat F, Bayat S, Kargar A A. An Investigation of Students' Attitudes on Teachers' Nonverbal Interaction in Iranian EFL Classrooms [J]. International Journal of Language and Linguistics. Special Issue: Innovations in Foreign Language Teach, 2014, 2：13–18.

Berndt T J, Ladd G W. Peer Relationships in Child Development [M]. John Wiley & Sons, 1989.

Bjørnskov C. Social Trust and the Growth of Schooling [J]. Economics of Education Review, 2009, 28 (2)：249–257.

Bjørnskov C. The Multiple Facets of Social Capital [J]. European Journal of Political Economy, 2006, 22 (1): 22-40.

Bourdieu P. The Forms of Capital. In J. Richardson (Ed.) [M]. Handbook of Theory and Research for the Sociology of Education (New York, Greenwood), 1986, 241-258.

Burt R S. The Contingent Value of Social Capital [J]. Administrative Science Quarterly, 1997, 42 (2), 339-365.

Cairns R B, Cairns B D, Neckerman H J. Early School Dropout: Configurations and Determinants [J]. Child Development, 1989, 60 (6): 1437-1452.

Carman K G, Zhang L. Classroom Peer Effects and Academic Achievement: Evidence from a Chinese Middle School [J]. China Economic Review, 2012, 23 (2): 223-237.

Carrillo Á E, Riera R J. Measuring Social Capital: Further Insights [J]. Gaceta Sanitaria, 2017, 31 (1): 57-61.

Chen X, Chang L, He Y. The Peer Group as a Context: Mediating and Moderating Effects on Relations between Academic Achievement and Social Functioning in Chinese Children [J]. Child Development, 2010, 74 (3): 710-727.

Chmelíková G, Krauss A, Dvoulety O. Performance of Microfinance Institutions in Europe-Does Social Capital Matter? [J]. Socio-Economic Planning Science, 2019, 68.

Chmelíková G, Krauss A, Ondřej D. Performance of Microfinance Institutions in Europe: Does Social Capital Matter? [J]. Socio-Economic Planning Sciences, 2019.

Chu J H, Loyalka P, et al. The Impact of Teacher Credentials on Student

Achievement in China [J]. China Economic Review, 2015, 36: 14-24.

Cirino P T, Child A E, Kelly M. Longitudinal Predictors of the Overlap between Reading and Math Skills [J]. Contemporary Educational Psychology, 2018, 54: 99-111.

Coleman J S. Foundations of Social Theory [M]. Belknap Press of Harvard University Press, 1990.

Coleman J S. Social Capital in the Creation of Human Capital [J]. American Journal of Sociology, 1988, 94: 95-120.

Darling-Hammond L, Snyder J. Authentic Assessment of Teaching in Context [J]. Teaching & Teacher Education, 2000, 16 (5): 523-545.

Dinda S. Social Capital in the Creation of Human Capital and Economic Growth: A Productive Consumption Approach [J]. MPRA Paper, 2007, 37 (5): 2020-2033.

Dong Z, Zhang Y. Accumulated Social Capital, Institutional Quality, and Economic Performance: Evidence from China [J]. Economic Systems, 2016, 40 (2): 206-219.

Dovey K. The Role of Trust in Innovation [J]. Learning Organization, 2009, 16 (4): 311-325.

Duncan G J, Dowsett C J, Claessens A, Magnuson K, Huston A C, Klebanov P, Brooks-Gunn J. School Readiness and Later Achievement [J]. Developmental Psychology, 2007, 43 (6).

Flap H, Völker B. Goal Specific Social Capital and Job Satisfaction [J]. Social Networks, 2001, 23 (4): 297-320.

Fukuyama F. Trust: The Social Virtues and the Creation of Prosperity [M]. Simon and Schuster, 1996.

Furrer B C J. The Influence of Teacher and Peer Relationships on Students' Classroom Engagement and Everyday Motivational Resilience [J]. Yearbook of the National Society for the Study of Education, 2014, 116 (13): 101-123.

Gehlbach H, Brinkworth M E, Harris A D. Changes in Teacher-Student Relationships [J]. British Journal of Educational Psychology, 2012, 82 (4): 690-704.

Hamre B K, Pianta R C. Early Teacher-Child Relationships and the Trajectory of Children's School Outcomes through Eighth Grade [J]. Child Development, 2001, 72 (2): 625-638.

Herres J, Kobak R. The Role of Parent, Teacher, and Peer Events in Maintaining Depressive Symptoms during Early Adolescence [J]. Journal of Abnormal Child Psychology, 2015, 43 (2): 325-337.

Hymel S, Comfort C, Schonert-Reichl K, Mcdougall P. Academic Failure and School Dropout: The Influence of Peers [J]. Reichl, 1996.

Kindermann T A, Vollet J W. Social Networks within Classroom Ecologies: Peer Effects on Students' Engagement in the Context of Relationships with Teachers and Parents [J]. Zeitschrift Für Erziehungswissenschaft, 2014, 17 (5): 135-151.

Knack S, Keefer P. Does Inequality Harm Growth Only in Democracies? A Replication and Extension [J]. American Journal of Political Science, 1997, 41 (1): 323-332.

Krishna A, Uphoff N. Mapping and Measuring Social Capital [J]. The

World Bank, 2001.

Kupersmidt J B, Coie J D. Preadolescent Peer Status, Aggression, and School Adjustment as Predictors of Externalizing Problems in Adolescence [J]. Child Development, 1990, 61 (5): 1350-1362.

Lee, J S. The Effects of the Teacher-Student Relationship and Academic Press on Student Engagement and Academic Performance [J]. International Journal of Educational Research, 2012, 53 (Complete): 330-340.

Lee M, Lam O Y. The Academic Achievement of Socioeconomically Disadvantaged Immigrant Adolescents: A Social Capital Perspective [J]. International Review of Sociology, 2016, 26 (1): 1-30.

Li C, Zhang Q, Na L. Does Social Capital Benefit Resilience for Left-Behind Children? An Evidence from Mainland China [J]. Children & Youth Services Review, 2018, 93: 255-262.

Lu M, et al. The Impact of Teacher Professional Development Programs on Student Achievement in Rural China [J]. Rural Education Action Program, 2017.

Maulana R, Opdenakker M C, Bosker R. Teacher-student Interpersonal Relationships Do Change and Affect Academic Motivation: A Multilevel Growth Curve Modelling [J]. British Journal of Educational Psychology, 2014, 84 (3): 459-482.

McCormick M P, O' Connor E E, Cappella E, et al. Teacher-child Relationships and Academic Achievement: A Multilevel Propensity Score Model Approach [J]. Journal of School Psychology, 2013, 51 (5): 611-624.

Mejia A, Filus A. Exploring Predictors of Impact of School-Based Management in Rural Mexico: Do Student Engagement, Teacher Attitudes and Parent Involvement Predict Better Academic Outcomes? [J]. International Journal of Educational Research, 2018, 88: 95-1.

Metzler J, Woessmann L. The Impact of Teacher Subject Knowledge on Student Achievement: Evidence from Within-Teacher Within-Student Variation [J]. Journal of Development Economics, 2012, 99 (2): 486-496.

Michalec P, Fuller B, Hannum E. Schooling and Social Capital in Diverse Cultures [J]. Contemporary Sociology, 2003, 32 (4): 511.

Miller-Lewis L R, et al. Student-teacher Relationship Trajectories and Mental Health Problems in Young Children [J]. BMC Psychology, 2014, 2 (1): 27.

Miller P, Votruba-Drzal E. Early Academic Skills and Childhood Experiences Across the Urban-Rural Continuum [J]. Early Childhood Research Quarterly, 2013, 28 (2): 234-248.

Montalvo J G, Ravallion M. The Pattern of Growth and Poverty Reduction in China [J]. Journal of Comparative Economics, 2010, 38 (1): 1-16.

Morgan S L. On the Edge of Commitment: Educational Attainment and Race in the United States [M]. Calif: Stanford University Press, 2005.

Piaget J. The Moral Judgment of the Child [M]. The Moral Judgment of the Child, 1932.

Portes A. Social Capital: Its Origins and Applications in Modern Sociology [J]. Annual Review of Sociology, 1998, 24: 1-24.

Purcell K. Search and Email Still Top the List of Most Popular Online Activities [J]. Pew Internet & American Life Project, 2011.

Putnam R D. Bowling Alone, America's Declining of Social Capital [J]. Journal of Democracy, 1995, 6 (1): 65-78.

Putnam R D. Making Democracy Work: Civic Traditions in Modern Italy [M]. Princeton University Press, 1993b.

Putnam R D. The Prosperous Community: Social Capital and Public Life [J]. The American Prospect, Spring, 1993a, 4: 35-42.

Putnam R D. The Strange Disappearance of Civic America [J]. Policy, 1996, 24: 3-15.

Ream R K, Rumberger R W. Student Engagement, Peer Social Capital, and School Dropout among Mexican American and Non-Latino White Students [J]. Sociology of Education, 2008, 81 (2): 109-139.

Roorda D L, et al. The Influence of Affective Teacher-Student Relationships on Students' School Engagement and Achievement: A Meta-Analytic Approach [J]. Review of Educational Research, 2011, 81 (4): 493-529.

Roorda D L, Oort F J. The Influence of Affective Teacher-Student Relationships on Students' School Engagement and Achievement: A Meta-Analytic Approach [J]. Review of Educational Research, 2011, 81 (4): 493-529.

Rosen L D, Whaling K, Carrier L M, et al. The Media and Technology Usage and Attitudes Scale: An Empirical Investigation [J]. Computers in Human Behavior, 2013, 29 (6): 2501-2511.

Sabatini F. Social Capital and Economic Development [J]. Social Science

Electronic Publishing, 2006, 12 (4): 451-476.

Schultz T W. Investment in Human Capital [J]. Economic Journal, 1961, 82 (326): 787.

Skinner E A, Pitzer J R. Developmental Dynamics of Student Engagement, Coping, and Everyday Resilience [M]. Christenson S L, Reschly A L, Wyliec. Handbook of Research on Student Engagement, 2012: 21-44.

Skovdal M, Ogutu V O. Coping with Hardship Through Friendship: The Importance of Peer Social Capital Among Children Affected by HIV in Kenya [J]. African Journal of AIDS Research, 2012, 11 (3): 241-250.

Suebvises P. Social Capital, Citizen Participation in Public Administration, and Public Sector Performance in Thailand [J]. World Development, 2018, 109.

Temple J, Johnson P A. Social Capability and Economic Growth [J]. The Quarterly Journal of Economics, 1998, 113 (3): 965-990.

Thompson M. Social Capital, Innovation and Economic Growth [J]. NIPE Working Papers, 2015, 73.

Tinto V. Dropout from Higher Education: A Theoretical Synthesis of Recent Research [J]. Review of Educational Research, 1975, (1): 89-125.

Uzun A M, Kilis S. Does Persistent Involvement in Media and Technology Lead to Lower Academic Performance? [J]. Computers in Human Behavior, 2019.

Villalonga-Olives E, Kawachi I. The Dark Side of Social Capital: A Systematic Review of the Negative Health Effects of Social Capital [J]. Social Science & Medicine, 2017, 194: 105-127.

Vitaro F, Larocque D, Janosz M, et al. Negative Social Experiences and Dropping Out of School [J]. Educational Psychology, 2001, 21 (4): 401-415.

Wall E, Ferrazzi G, Schryer F. Getting the Goods on Social Capital. [J]. Rural Sociology, 1998, 63 (2): 300-322.

Wentzel K R, Battle A, Russell S L, et al. Social Supports from Teachers and Peers as Predictors of Academic and Social Motivation [J]. Contemporary Educational Psychology, 2010, 35 (3): 1-202.

Werner E E, Smith R S. Vulnerable but Invincible: A Study of Resilient Children [M]. New York, NY: McGraw-Hill, 1982.

Wils A. Reaching Education Targets in Low and Lower-Middle Income Countries: Costs and Finance Gaps to 2030 [R]. UNESCO, 2015.

Woolcock M, Narayan D. Social Capital [J]. World Bank Research Observer, 2000, 15 (2): 225-249.

Woolcock M. Social Capital and Economic Development: Toward a Theoretical Synthesis and Policy Framework [J]. Theory and Society, 1998, 27 (2): 151-208

Wu Q, Lu D, Kang M. Social Capital and the Mental Health of Children in Rural China with Different Experiences of Parental Migration [J]. Social Science & Medicine, 2015, 132: 270-277.

Yi H, Zhang L, Luo R, Shi Y, Mo D, Chen X, Rozelle S. Dropping Out: Why Are Students Leaving Junior High in China's Poor Rural Areas? [J]. International Journal of Educational Development, 2012,

（4）：555-63.

Yunus M M, Osman W S W, Ishak N M. Teacher-student Relationship Factor Affecting Motivation and Academic Achievement in ESL Classroom ［J］. Procedia-Social and Behavioral Sciences, 2011, 15: 2637-2641.

Zhang Y, Zhou X, Lei W. Social Capital and Its Contingent Value in Poverty Reduction: Evidence from Western China ［J］. World Development, 2017, 93: 350-361.

图书在版编目（CIP）数据

社会资本与学业表现：基于农村初中生的实证研究／
高屾著． -- 北京：社会科学文献出版社，2025.6.
ISBN 978-7-5228-5390-1

Ⅰ．G632.0

中国国家版本馆 CIP 数据核字第 2025PP1116 号

社会资本与学业表现：基于农村初中生的实证研究

著　　者／高　屾

出 版 人／冀祥德
组稿编辑／陈凤玲
责任编辑／田　康
文稿编辑／赵亚汝
责任印制／岳　阳

出　　版／社会科学文献出版社·经济与管理分社（010）59367226
　　　　　　地址：北京市北三环中路甲 29 号院华龙大厦　邮编：100029
　　　　　　网址：www.ssap.com.cn
发　　行／社会科学文献出版社（010）59367028
印　　装／三河市龙林印务有限公司

规　　格／开　本：787mm×1092mm　1/16
　　　　　　印　张：9.5　字　数：113 千字
版　　次／2025 年 6 月第 1 版　2025 年 6 月第 1 次印刷
书　　号／ISBN 978-7-5228-5390-1
定　　价／88.00 元

读者服务电话：4008918866